讀書修身

樓宇烈

二〇二二年四月二十九日

国学教养智慧

让孩子从此爱上学习

苏兴——著

中国经济出版社
CHINA ECONOMIC PUBLISHING HOUSE

图书在版编目（CIP）数据

国学教养智慧：让孩子从此爱上学习 / 苏兴著 .--
北京：中国经济出版社，2023.6
ISBN 978-7-5136-7283-2

Ⅰ.①国… Ⅱ.①苏… Ⅲ.①国学－儿童读物 Ⅳ.
①Z126-49

中国国家版本馆 CIP 数据核字 (2023) 第 064659 号

责任编辑 严 莉
责任印制 马小宾
封面设计 郝薇薇

出版发行 中国经济出版社
印 刷 者 天津文林印务有限公司
经 销 者 各地新华书店
开 本 787mm×1092mm 1/16
印 张 17.75
字 数 176 千字
版 次 2023 年 6 月第 1 版
印 次 2023 年 6 月第 1 次
定 价 68.00 元
广告经营许可证 京西工商广字第 8179 号

中国经济出版社 **网址** www. economyph. com **社址** 北京市东城区安定门外大街 58 号 **邮编** 100011
本版图书如存在印装质量问题，请与本社销售中心联系调换（联系电话：010－57512564）

推荐序

蒙以养正，果行育德

国学是中华优秀传统文化，是我们文化自信的根基，是每个拥有华夏基因的人立身处世的底气。我国古代历来重视作为传统文化载体的童蒙教育，引导儿童通过“讽诵”汲取其中的营养，养其正心，育其德行。

汇贤学校苏兴校长，结合自己十余年的青少儿传统文化国学教育的心得与实际经验，著成《国学教养智慧：让孩子从此爱上学习》一书。全书分为成长篇、成才篇、赋能篇，共三篇十一章内容，详细阐述了孩子成长中的困惑、家长教育过程中应注意的事宜，以及各种应机对症的解决方法。

我国较早的系统教育理论文献有《易经·蒙卦》《周礼·地官司徒·大司徒》《礼记·学记》《孝经》等，它们集中而系统地表述了古人对教育的思考，其中的教育思想虽历久而弥新。至于历代的蒙学著作更是不胜枚举，足以见得启蒙教育的重要性。

《易经》六十四卦是从乾坤两卦开始的，之后是屯蒙。乾为天为父，坤为地为母，屯为万物初生，犹如一个婴儿呱呱落地。但初生的婴儿毕竟蒙昧、懵懂，因此要启蒙、要接受教育，于是进入了第四卦蒙卦。其所表述的是我国教育思想生发的源头，教育的当务之急，是培养学生纯正无邪的品质，是治蒙之道。“启蒙自幼，教育及早”的思想对后世也有着很大的影响。

《周礼·地官司徒·大司徒》中说：“以乡三物教万民而宾兴之。一曰六德：知、仁、圣、义、忠、和。二曰六行：孝、友、睦、姻、任、恤。三曰六艺：礼、乐、射、御、书、数。”大司徒主要负责民政和教育方面的工作，而其教化民众的“三物”中，“六德”是对人道德上的要求，“六行”是行为上的准绳，“六艺”才是教学内容。“礼”主要涉及立身处世、政治伦理道德；“乐”是综合艺术方面；“射”和“御”属于军事技能训练；“书”和“数”是基础文化内容，“书”是指文字的认识和书写，“数”则是数学和计算知识的学习。

《礼记·学记》是一篇古代教育论文，专门论述教育和教学问题。文章阐述了教育的目的及作用，教育和教学的制度、原则、方法，教师的地位和作用，教育过程中的师生关系、同学之间的关系。系统而全面地总结了中国先秦时期的教育经验。

“禁于未发之谓豫；当其可之谓时；不陵节而施之谓孙；相观而善之谓摩。”“发然后禁，则扞格而不胜；时过然后学，则勤苦而难成。”错过了教育的最佳时机，之后的教育效果便事倍功半。孔子云“绘事后素”，孩子出世时犹如一泓清泉，至纯至正，若不自小加以教育，约束其有所为有所不为，使之放任自流，养成坏的习惯，劣性滋生，日后恐将铸成大错，悔之晚矣。同理，若早期被施以不得当的教育，后果同样可怕。

《孝经》开宗明义章则指出“夫孝，德之本也，教之所由生也”。孩子的教育，不应是培养各种技能，灌输各种知识，而应是养正，培养孩子为人之根本。我们培养孩子，要知道给孩子的立身之本是什么。孔子云“君子务本，本立而道生”，唯如此方能“立身行道，扬名于后世”，能做到这一点的人，毫无疑问是成功之人。

由此想见，早教何等重要，我们的祖先在几千年前就早已明确指出来了。孩子虽小，但生机无限；看似懵懂无知，但内心充满求知的力量。在孩子不断成长的过程中，如果接受正确的教育及引导，则能养正；反之，习气已成，改之难矣……

相信苏兴先生《国学教养智慧：让孩子从此爱上学习》一书出版，定能利乐有情，饶益童蒙，是以欣然为序。

王守常

（北京大学哲学系及宗教学系教授，
中国文化书院院长，三智书院院长）

自序

学会在减负的同时提效

近些年，我国中小学教育由于受到应试思想的影响，在教育观念上产生了一些扭曲。教育的最终目的是立德树人，而不是提供应试竞争的“跑马场”。2021 年 7 月，中共中央办公厅、国务院办公厅印发《关于进一步减轻义务教育阶段学生作业负担和校外培训负担的意见》，正式宣告“双减”政策的落地。在教育中实施“双减”政策，尊重儿童的休息权、健康权，减轻学生过重的作业和校外培训负担，有助于恢复和重建良好的教育生态。

一些家长受应试教育思想的影响并出于对子女未来教育的担忧，患上了严重的“教育焦虑症”，主要表现就是给孩子报各种各样的培训班：他们一方面希望孩子能全面发展，另一方面不想让孩子输在起跑线上。这种过度教育不仅违背教育规律，甚至是以牺牲孩子身心健康为代价。

“双减”政策的实施，减少了补习班、校内作业和考试给孩子带来的压力，孩子得到了学业与课业压力的解放，但成绩的比较及升学的压力是否就不存在了呢？如何在不增加孩子学习时间与学业压力的前提下，提升孩子的学习能力与学习效率，就成了当下考学、升学的核心问题。

《中华人民共和国家庭教育促进法》（以下简称《家促法》）经由中华人民共和国第十三届全国人民代表大会常务委员会第三十一次会议于 2021 年 10 月 23 日通过，并自 2022 年 1 月 1 日起实施。其实从某种意义上来讲，《家促法》也是对“双减”政策的一个回应：家长是孩子的第一任老师，要树立正确的儿童观、成长观。家长给予孩子的不仅是生命，家庭的一切更是每时每刻都在影响着孩子的心灵，对孩子行为习惯和价值观的形成以及道德品质的培养均产生着重要影响。

家长与其把目光聚焦在实施“双减”政策后孩子的学习成绩是否会下降上，不如好好考虑怎样培养孩子的学习习惯、记忆力、专注力和创造力等，以真正为孩子的成长保驾护航。这一切都需要家长的耐心，坚持监督，及时巩固。要知道，孩子学习就是在爬坡，需要家长和学校的“双向奔赴”。哪个家庭、哪个孩子能在这个大势下逆袭，在减负的同时提效，就终将成为最后的学习赢家！

我从事国学教育已经 15 年了，教学生涯涵盖幼儿园教育至硕士研究生教育，创办了汇贤学校、汇贤雅国学。在我从教生涯中，已有数百名学生在本质上获得转变及提升，并成为顶级名校的优秀毕业生。这 15 年对数千名学生的追踪观察，更让我坚定了中华传统文化智慧在教育教学中具有无限力量的想法。本书正是在我20多年传统文化学习研究，以及10多年教育教学实践经验的基础上，从孩子的成长、成才、赋能三个层面出发，梳理并总结出的一系列关于家庭教育的本质问题：如何提升孩子的记忆力、沟通力、学习力、思维力、竞争力？孩子的学习动力、学习态度、学习方法、学习习惯、学习效率、学习成果之间的联系如何，以及相应的培养方式、提升方法是什么？孩子从小该如何养身、养心、养智、养德、养志、养襟怀？家长又如何最简要地掌握具体方法并运用于家庭教育之中？……

传统文化的智慧融入生命需要“功夫”，有些方法虽立竿见影，但家长不可急功近利；教育是一个系统工程，需要在生命的陪伴与内在的滋养中改变孩子的气质，形成孩子的性格，从而成就孩子的人生。本书主要内容源自我受邀参加的“中国文化书院”“三智书院”共计10次的《国学教育与学习力提升》讲座。该系列讲座在国学融媒体播出，累计受众超50万人次，反响突出，现应诸多家长要求整理成书出版，以便日常阅读和学习。书中诸多案例，皆来自我在学校教学及国学夏令营等活动中的真实案例，为尊重学生均隐去其真实姓名，所涉及的理念及方法均源于传统文化经典的启发。

最后，祝愿每位读此书的家长都能心生欢喜，真正理解并学会爱自己的孩子，一起体悟生命成长的规律与智慧！

目录

壹

成长篇：由内而外的教养

第一章 | 幼儿养性：做孩子心灵花园的园丁

“人之初，性本善。性相近，习相远。苟不教，性乃迁。”《三字经》这句话揭示了教育的第一个阶段及重点——心性的教育。人的天性是善良的，只是后天所处的环境和所受教育不同，彼此的习性才形成了巨大的差别。而天性光明和纯净，是一个人终身成就的根本，我们的教育要把握这个根本。幼儿养性就是从根本的角度出发。

第二章 | 童蒙养正：好品格本身就是竞争力

“首孝悌，次谨信。泛爱众，而亲仁。有余力，则学文。”这句话出自《弟子规》的总叙部分，意思是一个人要先学会做人，先具备好的德行，在这之后再努力读书学习才有意义。有知识却无德行、有学历却无品格的人是无法拥有好的未来的。好的品格是未来的基础，而幼儿及少儿时期正是对孩子进行品格教育的关键期。

第三章 | 少年养志：玩物必然丧志，成才必先养志

王阳明说：“志不立，天下无可成之事。”人如果没有志向，即使博学强识，也可能一生一事无成。“志不立，如无舵之舟，无衔之马，漂荡奔逸，终亦何所底乎？”舵，控制船只方向的装置；衔，控制马匹方向的器具。不立志，人生就如同无舵之舟、无衔之马，如同大海中漂荡的浮萍，随波逐流，内心的力量也会随时间而消耗。

贰

成才篇：塑造高阶学习力

第四章 | 学习动力：从源头激发孩子学习的内驱力

《论语》中载："知之者不如好之者，好之者不如乐之者。""乐知"是持续学习的前提，只有乐在其中，才能由内而外产生持续不断的力量；只有自愿自觉的选择，才能产生积极的态度，才会持续钻研，孜孜不倦。一个人对学习的态度，决定了他的学习成就。

第五章 | 提升路径：思维有逻辑，做事有条理

"明日复明日，明日何其多。我生待明日，万事成蹉跎。"很多人认为，学习成绩的好坏是与学习时间的长短成正比的。但实际上，有条理的逻辑思维更为重要。孩子做事没条理，不仅学习没头绪，生活也会一团糟。如果家长从孩子小时候起，就注重孩子思维的发展，教他学会合理、自主安排自己的时间，对孩子之后的发展也是十分有益的。

第六章 | 解锁捷径：帮助孩子学会仔细和专注

《劝学》中说："蚓无爪牙之利，筋骨之强，上食埃土，下饮黄泉，用心一也。蟹六跪而二螯，非蛇鳝之穴无可寄托者，用心躁也。"专注是一种定力。当你的专注之心达到一定程度时，你就会发现，自己不会再轻易被外物干扰，令人吃惊的学习能力自此产生。

第七章 | 唤醒记忆：打开大脑宝库的钥匙

朱熹《训学斋规》："余尝谓，读书有三到，谓心到、眼到、口到。心不在此，则眼不看仔细，心眼既不专一，却只漫浪诵读，决不能记，记亦不能久也。三到之中，心到最急。心既到矣，眼口岂不到乎？"记忆是积极运用多种感官的活动，是一切学习的基础。

叁

赋能篇：陪孩子终身成长

第八章 | 照亮未来：用书香浸润孩子童年

智者博览群书，亦是阅历人生。北宋理学家、教育家程颐曾说："外物之味，久则可厌；读书之味，愈久愈深。"善读书之人，知其味，则用心越深，终其一生都在用知识武装自己。正所谓，腹有诗书气自华，读书万卷始通神。

第九章 | 开启思维：引导孩子掌握思考的技巧

《礼记·中庸》："博学之，审问之，慎思之，明辨之，笃行之。"要博学多才，就要对学问详细询问、彻底搞懂，要慎重思考，要清楚辨别，要切实力行。探索任何领域，不善于思考都是很可怕的，因为我们无法让一个无知的人去创造任何奇迹。

第十章 | 突破想象：与其培养不如先好好保护

宋朝文人王质在游记《游东林山水记》中说：“天无一点云，星斗张明，错落水中，如珠走镜，不可收拾。”这个比喻是很有想象力的。古代诗人敏感而多思，他们与生活的关系就是找到一个线头，让想象把这根线抻长，并不断地缠绕，直到编织成诗。

第十一章 | 聚力创新：开拓孩子的多样化思维

水有什么特点呢？它能成云，它能成雨，它能成雾，它能成冰，它能成雪，它能成霜。它完全不拘于形态，随方就圆，变化无穷。如果一个人具备水的思维，那他就具有特别强的创新能力。

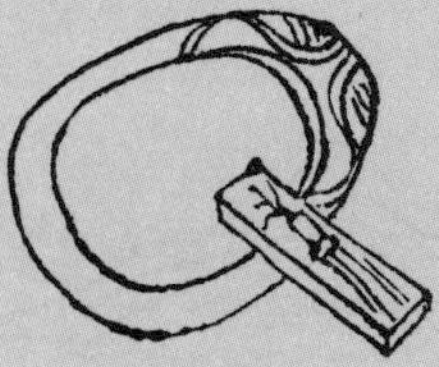

壹 成长篇

由内而外的教养

“人之初，性本善。性相近，习相远。苟不教，性乃迁。”《三字经》这句话揭示了教育的第一个阶段及重点——心性的教育。人的天性是善良的，只是后天所处的环境和所受教育不同，彼此的习性才形成了巨大的差别。而天性光明和纯净，是一个人终身成就的根本，我们的教育要把握这个根本。幼儿养性就是从根本的角度出发。

第一章

幼儿养性：
做孩子心灵花园的园丁

情绪：训练孩子感知、管理喜怒哀乐

几乎每位家长都遇到过这样的情景：孩子突然莫名其妙地发脾气、又哭又闹，自己却一头雾水，不知道是因为什么。虽然通过哄骗或严厉的声音、愤怒的眼神等方法能暂时让他们停止哭闹，但是过不了多久，这样的情形就会再次出现。于是，家长“故伎重演”，效果却越来越差。

幼儿园有个小朋友叫悦悦。有一天，悦悦妈妈来接悦悦回家。一路上，悦悦又要又闹，妈妈完全搞不懂孩子为什么“无理取闹”。第二天送孩子上学时，妈妈向老师哭诉，老师耐心地与悦悦进行沟通，才发现根本问题。原来，妈妈答应过悦悦这一天会给她买栗子吃，她一直把妈妈的许诺记在心里，可回家的路上妈妈只字未提。这让悦悦觉得妈妈不守信用，十分伤心。

其实，家长只要能正确解读孩子的情绪，并且了解他们独有的情绪表达方式，改变这种情况就非常容易了。

一方面，家长要试着理解孩子，要抱以宽容的态度，允许孩子宣泄情绪。0~3 岁的孩子大多还不太明白家长讲的大道理，因此家长应该多拥抱和亲吻孩子，让他们感觉自己是被理解和接纳的，这对孩子今后的性格养成也有很大的帮助。

另一方面，家长切忌采用斥责和打骂的方式使孩子安静下来。在家长的疾言厉色中，孩子虽然停止了哭闹、发火，从表面上看，行为发生了改变，但是负面情绪始终没有得到疏通，它只是被堵在了孩子心里。而家长的理解却能减轻孩子的痛苦，让孩子慢慢平静下来，不会采用更激烈的方式来对抗。

当孩子长大一些，家长就可以逐步启发和教育孩子用科学的方法疏导并管理自己的情绪。

1. 处理孩子情绪的三个步骤

人们每种情绪表现背后都隐含着某种内心需求，因此，对家长而言，孩子的情绪表达也是一次教育机会。家长要做到的第一步是观察及分析，要能做到不被孩子情绪裹挟，以旁观者角度客观分析孩子情绪背后可能的需求。

第二步是了解孩子的需求，客观冷静地判断这个需求是否合理，是否需要教育和引导。只有基于正确的认知来进行判断，家长才能给予适当的接纳和引导。

第三步是处理。满足合理需求，限制不合理需求。在处理孩子需求前，家长可以以陪伴和拥抱孩子的方式，去理解及接纳孩子的情绪，也可以安慰和疏导孩子；同时通过示范、引导，教孩子学会如何正确表达自己的需求。

2. 家长情绪影响着孩子的情绪

家长的情绪对孩子的情绪有着直接的影响，而且家长对情绪的认知水平和掌控力也影响着孩子把控情绪的水平。

通常，对于懂得情绪管理、拥有正面情绪的家长，他们培养出来的孩子，大多也具有良好的情绪管理能力，并同样拥有积极、正面的情绪；而对于不会管理自身情绪、经常有负面情绪的家长，他们的孩子也可能会存在一定的情绪问题。

有一次，我到一个学生家做客，她的朋友也带着孩子来了。这位朋友来去都非常匆忙，语速还快。我听见她对孩子说："快点儿穿，穿上鞋子马上走了。"我心里纳闷儿：有什么事那么着急？这位朋友问了我一个问题："苏老师，我的孩子的性格总是特别急躁，您说这是为什么呢？"我说："你看你跟我表达的这个问题，再听听你说话这个速度，答案不是显而易见吗？"

大家可以想象一下，如果在一个家庭中，大家说话都是慢条斯理的、柔和的、自在的，那么孩子也会受到感染，他的情绪就不容易紧张。

因此，家长首先要学会做自己情绪的主人，只有善于调节自身情绪、时常带着正面情绪的家长，才能教育出健康、快乐、积极向上的孩子。

语言：鉴别孩子智力的一个重要标志

有些家长问我：孩子说话晚怎么办？孩子学说话、学外语有没有关键期？

研究发现，3 岁左右是孩子语言能力发展最快、最关键的时期。孩子在 3 岁时的词汇量可以影响其 13 岁甚至 17 岁时的词汇量，还会影响他的阅读写作能力。

根据语言系统和语言运用能力发展相结合的标准，3 岁前儿童语言的发展可以划分为 3 个阶段：0~1.5 岁是儿童言语发生的准备阶段，又称为前言语阶段，在这个阶段，儿童可以说出一些具有概括性的、有真正意义的词语；1.5~2 岁的儿童可以用一些简单的词组来表达自己想要表达的意思；2~3 岁是儿童基本掌握口语的阶段，词汇量会逐步丰富，语句多从短句变成长句，语言习惯也在逐渐形成、加强。

语言不仅是人们交际的工具，更是人们认知发展和思维的工具，没有语言就不可能进行抽象的思维。儿童在掌握语言之前，如果要认识一个物体的特征，必须通过看、闻、摸等方式对该物体的各个部分和各个特征进行感知；而掌握语言之后，情况就大大不同了，语言可以帮助儿童由感知、表象进入分析、综合、判断、概括等抽象思维的过程，从而能够间接地、概括地认识事物。语言的参与，将使儿童的认识过程发生质的变化。

因此，家长可以借助语言帮助儿童观察事物，认识事物的名称、形态、习性、特征等，以区别类似的事物。

有一天我下班回家，刚好碰到邻居嘟嘟奶奶带着刚满2岁的嘟嘟坐电梯。进电梯后，嘟嘟奶奶直接刷了门禁卡，这时嘟嘟突然开始大哭。奶奶不解地问：“刚给你买了好吃的，你哭什么？”

嘟嘟不说话，只哭，哭得捶胸、跺脚，还要打奶奶。嘟嘟凄惨的哭声在不大的电梯里显得尤为尖锐，奶奶觉得吵到了其他人，就凶嘟嘟：“不许哭了！再哭打你屁股。”嘟嘟哭得更厉害了。

这时，我发现嘟嘟边哭边盯着奶奶手里的门禁卡，我反应过来：嘟嘟这是想自己刷门禁卡。于是我把嘟嘟抱起来，让他可以够到刷卡的地方，嘟嘟拿卡刷了下，果然不哭了。

通过这件小事，我再次深刻感受到，家长只有了解孩子的发展阶段特征，才能在关键的时候促进孩子能力的发展。

按照标准来说，2 岁多的孩子应该能说简单的句子了，但嘟嘟平时除了叫爸爸妈妈外不太爱说话。之前我和嘟嘟奶奶聊起这个话题，她还觉得“贵人语迟”，嘟嘟长大了会更聪明。

可是，真的是这样吗？我不得不给一些家长提个醒儿，在孩子说话这件事上，虽说不能操之过急，但太过淡定可能会耽误孩子发展。

现实中，也有一些孩子因为家长的疏忽而语言发育缓慢。除了遗传因素和个体差异外，语言环境和语言教育的不理想，也会使孩子的语言能力发展受到影响。

所以，语言教育要尽早，家长要早早地多和孩子说话，让他有机会接触各种语言、各种情境。假如孩子说话晚，家长可能需要多花些力气让他追上开口早的孩子。那么，家长们应该怎么做呢？

1. 日常词汇培养语言意识

1995 年，人类发展学家贝蒂·哈特和托德·里斯利做了一项关于孩子智力发展与父母语言之间的关系的经典研究。他们用两年半的时间跟踪调查了堪萨斯城 42 户有孩子的家庭。

研究数据表明，在不同的家庭中，3岁之前的孩子听到来自父母的词汇量是不同的。脑力劳动者家庭的孩子，平均每小时听到487句话；工人阶级家庭的孩子，平均每小时听到301句话；接受福利救济家庭的孩子，平均每小时听到178句话。累计下来，脑力劳动者家庭的孩子可以听到4500万个词汇，接受福利救济的孩子只能听到1300万个词汇，其中就相差了3200万个词汇。

这3200万个词汇，对孩子的认知塑造、读写能力、数理逻辑、批判思维、情感发育、意志力等方面，都有着深刻的影响，并且直接关系到孩子的学习成绩。因此，家长要多与孩子进行语言交流，帮助他们累积词汇量。

在孩子还被抱在怀里的时候，家长就可以和他多交流，向他介绍天空、白云、小草，给他富有情感地讲故事。做一件事时，家长可以一边介绍做事的步骤，一边带着孩子去做。说话的时候，家长可以适当放慢语速，尽量用富有感情的语言与孩子沟通。

2. 家庭成员共同营造语言环境

教育孩子不是某一个人的责任，更不能被科技代替，而是需要家庭形成合力，语言环境的打造就更需如此了。家长可以和家庭成员沟通，共同为孩子打造轻松、愉快的语言氛围，保持家庭成员之间的沟通顺畅。

因此，我们不仅要重视家庭成员与孩子的对话，也要重视家庭成员之间的对话。在这样的家庭环境中，虽然孩子可能没有说话，但是他一直在听，这就是一个输入的过程。

3. 在阅读中积累词汇与发展情感

和孩子一起读一本书，不仅能让亲子关系更加紧密，也能给孩子提供一个高质量的语言输入环境。研究表明，很多在青少年时期取得优异成绩的孩子，在小时候都有亲子共读的经历。一起阅读，不仅是家长教孩子认字的过程，而且书中更是提供了很多可以和孩子讨论的内容。

在共读的过程中，家长可以采取跟读、朗读、复述、角色扮演、开放式提问等多种方式，激发孩子说话的兴趣。

家长可以重复孩子说的话，重复本身就是一种认可。在重复中也可以换一种表述方式，帮助孩子构建思维。比如孩子说："小白兔吃萝卜。"家长可以说："是的，小白兔吃萝卜。萝卜是小白兔的一种食物。"

家长还可以帮孩子拓展词汇量，在语句中添加更加丰富的词汇，表达出更加丰富的内容与情感。比如孩子说："下雪了，堆雪人。"家长可以说："下雪了，一片白茫茫，宝宝好高兴，蹦蹦跳跳地去堆个可爱的雪孩子。"这样日积月累，孩子会掌握丰富的词汇，情感发育也会更好。

语言发展需要外部输入，家长和孩子你来我往的对话，是影响孩子大脑发育的关键。也就是说，最好的语言教育的方法，就是家长多与孩子进行对话。

善良：教孩子善良是家长最大的远见

“人之初，性本善，性相近，习相远。”这是《三字经》中的第一句，意即人刚出生时，其本性都是善良的，彼此相差不大，只是由于后天所处环境和接受的教育不同，习性才会千差万别。如果家长不从孩子小时候起就对他进行教育，那么孩子本身善良的天性就会因为外界的不良影响而发生变化。

善良是一种宝贵的品质，可是如今家长更多关注孩子的身体健康和智力发展，而忽略了教导孩子保持心地善良、多关心他人。爱是人类最美丽的语言，对孩子进行爱心教育，在他们幼小的心灵中播下善良的种子，就可以让孩子学会体贴别人、关心他人。有了这种爱心并不断地发展下去，孩子将来就能成为一个善良的人。

大家应该都还记得轰动一时的北大弑母案。从小到大，在亲戚朋友眼中，那个成绩顶尖、品学兼优、孝顺温和的北大才子，竟然以异常缜密的计划、残忍冷酷的手法，杀害了自己的亲生母亲。

这是一个家庭的悲剧，更是整个社会的悲剧，究竟是什么原因让一个旁人眼里的“完美孩子”，变成了“可怕的恶魔”？

家长只要仔细观察，就会发现，孩子的善良之心从小就展现了：一岁前，他会对别人的情感有反应，如果自己身边有小宝宝哭了，他也会跟着一起哭；两岁时，当其他小朋友再哭时，他不会再跟随着一起哭，而是会拿自己喜欢的东西去安慰正在哭的小朋友，这反映出他已能清楚分辨自己和他人的痛苦，并有了试图减轻别人痛苦的想法；到了五六岁时，孩子开始进入认知反应阶段，知道什么时候该去安慰正在哭泣的同伴，什么时候该让同伴独处。

以上这些都是孩子善良天性的表现。善良是孩子成长中不可或缺的品质，培养孩子的善良品质，是很关键的。心存善良，可以让孩子体味人世间的真善美，让孩子感受世界的温暖。有家长说，现实不是童话故事，我就想劝孩子自私一点，不要太善良，最后反而让自己吃亏。

研究显示，如果家长不能在小时候通过正确的教育方式延续孩子善良的天性，那么孩子的爱心就会逐渐消失，变成一个缺乏责任感、事事以自我为中心的人。

那么，家长应该怎样保护并延续孩子的善良天性呢？

1.创造机会成全孩子关心他人的爱心

想要孩子学会关心他人与掌握一项运动技能或一种乐器一

样，需要练习。“香九龄，能温席”，关心他人首先从关心家长开始，无论是给下班回家的家长拿取一双拖鞋，还是帮家长端取一份水果，都是从生活小事上有意识培养孩子关心体贴家长的习惯。在这样的互动中，孩子会体会到亲子间爱的自然流动，获得正向的价值感，逐渐将孝爱家长的善良天性稳固成为人处世的行为习惯，进而扩展到关心他人、集体、国家……

“老吾老以及人之老，幼吾幼以及人之幼”，一个能主动关爱他人、心胸开阔的孩子，其人生前景是光明的。

2.发现并肯定孩子的善良

家长心怀善良，会感受到孩子的一颗柔软的心，发现孩子善良的行为，并且及时肯定孩子。比如孩子在观察蚂蚁时，下雨了，孩子拿来几片树叶，盖在了蚂蚁走的路径上，他想给蚂蚁“打伞”。这时，家长就需要及时肯定孩子。“妈妈刚刚看见你拿着树叶去给小蚂蚁遮风挡雨，你一定是不想小蚂蚁淋雨，你真是一个善良的孩子。”通过“肯定行为”和“点出品质”，孩子会知行合一，走向良性循环。

3.动物朋友伴成长

如果家里条件允许，家长可以让孩子选择自己的动物朋友。孩子小时候，天然地喜欢小动物，让孩子学着照顾小狗、小猫、小鱼、小乌龟等小动物，就是培养孩子善良的心，培养孩子的责任感。在与小动物朝夕相处的过程中，孩子付出爱，感受爱，学会爱，会成为一个更有爱心的人。

4.做孩子强有力的道德榜样和行为导师

《三字经》里讲：“窦燕山，有义方，教五子，名俱扬。”窦父教子成功的关键点就在“义方”，为孩子树立了良好的道德榜样。因为孩子总是通过观察和模仿成人的行为来形成自己的价值观，尤其是从周围所尊重的人身上。

想要启发保护孩子善良的品格，那么举手投足间成为一个善良的人吧！比如，在电梯门要关时按下开门键，等一下奔跑而来的人；随时对为自己提供服务的人报以微笑和感谢；带着孩子一起，多多参与志愿服务或给慈善活动捐款捐物，为孩子的善心培养树立好榜样。

活泼：开朗、快乐的孩子人见人爱

一个性格乐观、活泼开朗的孩子，总是对自己的能力充满信心，容易和周围的人友好相处，对新鲜的事物有强烈的探索欲望。调查显示，乐观的人不仅心理健康，而且婚姻生活较为幸福，事业上也较容易获得成功。家长注重培养孩子乐观开朗的性格，有利于孩子健康地成长。

每年，我们幼儿园招收来的孩子都性格各异。有的孩子活泼开朗，喜欢运动和表演；有的孩子交际能力强，能快速和周围的孩子打成一片；而有的孩子安静内敛，喜欢待在安静的环境里画画、看书。

无论性格是活泼开朗，还是安静内敛，孩子们都各有优缺点。但总体而言，性格更为开朗活泼的孩子，其适应能力和抗挫能力都要更强一些。

每个家长都希望自己的孩子活泼开朗、善于交际。但是在现实生活中，每个孩子的性格都有差异，外在表现也大有不同：有的孩子活泼开朗，有的孩子安静内敛，还有的孩子不喜欢跟别人相处，喜欢独来独往。

如何培养心态乐观、开朗活泼的孩子呢？

1. 营造温馨和睦的家庭氛围

家庭是孩子成长最重要的环境，温馨、温暖、充满爱与温情的家庭氛围，是孩子健康快乐成长的基本保障。家长的情绪稳定也尤为重要。在孩子小的时候，其情绪完全链接在母亲身上，一定程度上，孩子的情绪是与母亲同频共振的。母亲可以通过温柔的语言、轻柔的抚触、合适的情绪表达，与孩子建立情感联结。这样充满温情的环境会使孩子获得充分的安全感。当孩子犯了比较严重的错误时，家长可以严厉，但不要情绪化地表达。《中庸》中说“喜怒哀乐之未发，谓之中；发而皆中节，谓之和。”情绪的收放自如，也是家长需要修炼的重要课题。

假如引起家长不愉快或愤怒的事因与孩子无关，应明确地让孩子知道，以免孩子误认为家长的愤怒是因自己而引起的，从而产生负疚感和自卑心理。

2. 鼓励孩子与同龄人交往

鼓励孩子与同龄人交往，是培养孩子自信乐观性格的重要途径。家长要多为孩子创造与同龄伙伴交往的机会，例如带孩子到朋友家串门，邀请孩子的朋友来家里做客等。

同时，组织孩子参加一些集体活动，让孩子在与伙伴的游戏中获得快乐，从而锻炼孩子的社交能力，增强自信心，塑造出活泼开朗的性格。

3. 良好的亲子交流

家长应做有心人，留意孩子的情绪变化。发现孩子心情低落时，无论多忙，家长也应抽出一点时间和孩子交流，引导孩子表达自己的内心感受和想法。但也要给孩子留出时间和空间，不要强迫、勉强孩子，而是尽量让孩子感到自己不开心，家长也会难过，家长一直关心着自己，愿意帮助自己，从而愿意敞开心扉说出缘由。

同时，家长也应多些耐心，倾听孩子的讲述，然后有针对性地给出建议。这样，孩子会发现，有些事情一经讲出，他的烦恼情绪也就很快消失了。

4. 创设有趣的游戏互动

没有孩子不喜欢游戏。哲学家苏茨说过："玩游戏，就是自愿尝试克服种种不必要的障碍。"通过游戏，可以让孩子获得成就感，提升幸福感。同时，在趣味游戏的过程中，孩子可以通过思考，获得团队合作和解决问题的能力。所以，家长应该多创设有趣的游戏互动，让孩子参与进来。

这里指的游戏，并不是指虚拟的电子游戏，而是真实情景中的互动。家长们可以通过一些科学小实验、体育运动，让孩子参与游戏，也可以邀请孩子的小伙伴们一起参与。在这个过程中，家长可以做引导者，在安全的前提下完全放手，让孩子们充分享受游戏的乐趣。

规则：最大限度地维护每个人的感受

俗话说：“三岁看大，七岁看老。”这句话说明孩子在很小的时候就会形成自己的性格和观念，因此家长要从小给孩子以良好的教导。

规则意识是最基本的意识，指发自内心的、以规则为自己行动准绳的意识。它扎根于生活的每一个细节。现实生活中，很多人把孩子的调皮捣蛋看成是孩子聪明的一种表现，殊不知这样的孩子在别人眼中只是不懂规矩。其实，养育孩子的方式并没有绝对的对错，但是缺少规则建立对孩子来说并不是一件好事。

每个孩子都应该知道自己做事情的底线在哪里，并且能够把控自己，这样才能健康快乐地成长。因此，给孩子建立规则意识很重要。如果家长没有从孩子小时候起就培养他的规则意识，等孩子长到一定的年龄之后再教，可能就晚了。

那么，如何给孩子“立规矩”呢？

1. 制定规则：让孩子参与其中

在为孩子制定规则前，家长要清楚自己的育儿准绳，明确规则制定的目的是基于孩子成长的真正需要，主体是孩子。在制定规则前，需要征询孩子的想法，让孩子感觉被尊重而非被控制，从而愿意合作及接受引导。

比如，关于孩子每天可以在外玩耍多长时间的规则，家长可以问问他："宝宝，你感觉每天在外面玩多久比较合适啊？"孩子基于时间概念的模糊，回答通常是不着边际的，很可能说 1 小时、4 小时，但总归心里是希望越长越好。

这时，家长就可以提出自己的引导意见："奶奶这会儿已经准备晚饭了，大约 2 小时就到晚饭时间，所以我们先玩 1 小时，你觉得怎样呢？"

经过几次这样的体验后，孩子对时间的长短就有了概念，可以和家长达成共识，慢慢也就能接受规则，并主动遵守。

2. 规则要遵循一致性原则

此原则主要体现在三个方面。

第一，规则面前"人人平等"。家长要以身作则，不可只许州官放火不许百姓点灯，依据自己喜好和方便随意修改或违反规则，要求孩子做到的，家长要首先做到。比如，你要求孩子看书坐姿端正、保持距离，但是自己随意弯腰驼背，怎么让孩子遵守规则呢？

第二，不同场合下的一致性。规则体现的是家长要求或示范给孩子的行为规范，因此无论是在幼儿园、家里还是外出，家长都要有稳定惯常的行为准则，不能出现“多面性”。比如，在家遵守作息时间、在亲戚朋友家或其他场合却无视作息时间等，这会让孩子产生行为上的随意和思想上的混乱。

第三，养育者之间要保持一致性。许多家庭里都会有祖辈照顾孩子的情况，因此除了父母之间，父母与祖辈之间也要做好约定，避免“爸爸不同意，但奶奶同意”的情况，造成孩子钻规则空子的现象。

同时，规则上的一致性并不意味着执行上的生搬硬套，家长要根据具体情况进行合理的调整，重点在于尊重孩子的感受，给孩子留出可以选择的空间。

3. 执行规则要有智慧

相信许多家长在孩子遵守规则的问题上都遇到过这样的情景：约定好的规则，执行一段时间后，遭遇孩子的消极抵抗，即使孩子在道理上知道规则对自己有益也不愿意执行。遇到这种状况该怎么办呢？

第一，幽默化解对抗，用游戏的方法帮助孩子遵守规则。

例如，家长要求孩子“列典籍有定处，读看毕还原处”，可是孩子置之不理，看完书总是随意一扔就走。此时家长要能耐得住性子，不必用命令或生气的口吻，而是用幽默的方式引导孩子："书宝宝找不到家害怕地哭了，你能帮助它把它送回家吗？"当规则不是作为要求和命令而是作为一种对物品的保护方法时，孩子内在善良的天性就会启动，既达成规则设计的最初目的，也让孩子在这样的行为中获得价值感和自我效能感。同时，家长也应对孩子的行为及时予以肯定和赞扬，孩子的行为逐渐得到巩固和强化，就能形成良好的习惯。

第二，给出规则的有限选择方案。

对于一些必须遵守但孩子做不到的规则，例如，有些公共场合禁止大声喧哗、随意跑动，可是对于年龄较小的孩子来说，就想跑来跑去地玩耍，强行限制带来的只是哭闹和强烈反抗。此时，可以给孩子提供一些有限的选择，比如问孩子："你现在是想听故事，还是画画？"这种问法虽然没有直接进行规则约束，却将孩子的行为规范在了有限的范围之内。有了选择的自由度后，孩子行为的配合度自然就会提高。

共情：发展社会交往能力的重要基石

“己所不欲，勿施于人。”人与人之间的交往，如果不能互相理解，就会产生隔阂。这句话放在孩子身上也是一样，生活中孩子们经常容易因为一点点小事情闹矛盾。但是，他们也更容易对彼此产生好感、互相信任、互相分享，所以才有“发小”“闺蜜”“竹马之交”等说法。

对孩子而言，共情是一个复杂的认知过程，也是一个重要的情感任务。“共情”不是“同情”，而是容易与别人产生情感上的共鸣，尤其是指思想上和情感上相互感染的情绪。如果能够适时引导孩子学会“共情”，孩子不仅能够很好地处理自己的社交关系，同时也能够让自己变得更加自信，做任何事情都会保持乐观的心情和积极向上的态度。孩子在 2 岁左右就会产生这种共情、理解他人情绪的能力。

那么，家长应该如何引导、培育孩子的共情能力呢？

1.尊重和接纳孩子的感受

孩子的认知与大人完全不同。在成长的过程中，孩子会有很多想法与大人不同。在倾听孩子的语言时，家长要体会孩子语言背后的情感，而不要粗暴解读与回应。比如处于童年时期的孩子会有各种各样的幻想，有的幻想床下会伸出手来，有的幻想窗外会有怪兽……

彤彤就是这样一个五岁的孩子，她总是和妈妈说："妈妈，我晚上想和你一起睡，因为我总感觉窗外有怪兽，我一闭上眼睛，它就朝我挥手。"妈妈回应道："彤彤是不是害怕啦？妈妈晚上和你一起睡，如果怪兽来了，我们就一起给它讲一个搞笑故事，让它笑得直不起身。"彤彤也笑了，仿佛脑中这个"怪兽"变成了一个"爱听笑话的小白兔"。

这个妈妈很有智慧，她体会到孩子话语背后的不安全感，并且用幽默的语言和真诚的行动帮助孩子消除恐惧。试想一下，如果我们粗暴地回应孩子："哪有什么怪兽啊！根本没有！"孩子不但不能消除恐惧，情感上也会受挫。

2. 规划出亲子阅读时间

即使孩子与家长的时间精力再多，其所能了解到的人与事也是有局限性的。阅读可以帮助我们突破固有的人际圈子和有限的认知去了解他人的思想情感。在亲子阅读中，孩子与书中角色的内心世界深入接触，是培养共情能力的好方法。

此外，在阅读的内容上，家长可以特意挑选一些与情绪相关的书籍，让孩子了解情绪情感相关的表达方式，丰富孩子的语言词汇库。如果孩子缺乏对情绪的了解，他们就很难表达自己，也难以理解别人，从而难以进行有效沟通。以故事为基础的探讨和提问，能很好地构建情感语言，启发孩子更好地理解自己的内心，并学会表达情感、理解他人。

3. 在情景里丰富孩子的共情语言

生活中经常有这样的场景：你的女儿在沙坑边和其他小朋友铲沙子玩，她把一把沙子扬到了小朋友的脸上，小朋友哭了，女儿呆立一旁不知所措。家长通常的做法是：在确定对方小朋友没事并安抚以后，转过身就劈头盖脸地批评自己孩子行为的失当，拉着孩子道歉。但更好的做法是：你要先观察自己孩子的表情，她可能正在害怕紧张中。你可以拉起她的手或抱着她，让她的心情平复下来。

然后，以温和平静的语气和她谈一谈，了解事情的前因后果。

你可以问她："刚才怎么就扬起了沙子？而且扬到了小朋友的脸上？"

女儿回答："我挖得很深所以使了很大的劲去挑，然后沙子就被我扬起来了，这时小宝正好跑过来看我堆的城堡，就扬她脸上了，然后她就哭了。"

了解了事情的原委，也就能洞察孩子的内心。

接下来你可以说："你现在的感受是怎样的？"

如果孩子说不清楚，你可以适当地引导她，"是害怕吗？是着急吗？还是担心她？"

这样的目的是引导孩子体察自己的内心，描述心理感受。

你还可以问："那你觉得小宝现在是什么感受？"她可能会说："小宝哭了，应该很害怕。"

经过这样的问答与引导，这时，她和其他人就产生了情感共鸣。然后，你还可以再进一步引导孩子表达出对小宝的关心。你可以说："小宝那会儿害怕地哭了，咱们做点什么事儿可以安慰她呢？"女儿可能会提议说："那我把包里的零食分给她一些吧。"这时，孩子在这件事里的心理过程才算完成，就可以带着她去致歉并安慰对方了。

通过这样一个过程，家长可以引导孩子感受自己、表达自己，丰富孩子的情绪语言。在由己及人的过程中，锻炼他们与他人共情的能力。

安全感：给孩子无条件但有原则的爱

一个孩子如果从小获得了足够的安全感和自我价值感，就会拥有足够强大的心理能量面对困难和挫折。

我们学校有个从其他城市重点学校转学来的男孩，他的爸爸放弃了当地优越的工作环境，举家搬到了北京，就是为了给孩子提供更好的教育。这位爸爸告诉孩子，无条件的爱，不是在物质上无条件地满足，而是无条件地支持他成为更好的自己，哪怕需要父母做出相应的牺牲。结果这个孩子学习内驱力十足，有理想有目标，特别有自信和自我价值感。

安全感是儿童心理健康的基础。比尔·盖茨说过：教育是伴随终生的事情，而我教育孩子的第一要务是给孩子安全感。

在养育孩子的过程中，家长的首要任务是给孩子建立安全感。有安全感的孩子才能有自信和自尊，才能与他人建立互相信任的人际关系，进而积极挖掘自身的潜能，勇敢对外探索新事物。

其实孩子所认为的安全感，就是渴望稳定、安全的心理需求。0~3 岁是孩子安全感建立的关键期，4~6 岁是补救期，这时走进孩子的内心需要花费更多的精力和耐心。这说明安全感的建立也不是一蹴而就的，而是呈阶梯状不断构建的过程。

1. 用爱的语言管教孩子

孩子安全感的建构很难，破坏却很容易。生活中，面对孩子行为不符合家长要求的情况，许多家长会使用威胁性语言进行管教。经常说一些摧毁孩子安全感的话，比如“再不听话，就让坏人把你抓走”“你再哭，妈妈就把你送走不要了”“再这样，我们都不理你了”等。

孩子对语言的理解力是有限的，这样的话语传递出的威胁和不耐烦的情感，会让孩子怀疑家长对自己的爱，容易产生被抛弃的恐惧感，安全感急剧下降。

孩子出现行为偏差，家长要善用智慧设法引导。威胁、吓唬、不理睬带给孩子的只是心灵深处的恐惧，损伤孩子的心力。爱，是世间最伟大的力量，不管在什么情况下，家长要给孩子传达的应该是“我们永远爱你”“永远在你身边”“我们相信你”“你能行”这样的稳定的爱的信号。

2.养育者保持情绪稳定

要让孩子感觉到家里充满欢乐，家庭氛围里充满爱。比如丈夫工作了一天下班回来，妻子可以说：“累了吧，今天我做了你喜欢的菜。”充满爱的家庭是最让孩子觉得幸福的，如果家庭关系非常和谐，孩子的内心拥有饱满的爱，他就会给别人饱满的爱，遇事也更有主见和判断力。

缺少爱的孩子会本能地索取。他会在班级中影响别的孩子，做一些夸张的行为以博取老师的注意。我们说有些孩子很可怜，不是孩子本身出了多大的问题，而是家庭养育的过程出了问题。

我有一个学生的父亲在他小的时候经常殴打他的母亲，所以他在家里总是小心翼翼。这也导致他养成了胆小、懦弱的性格。在婚姻中，任何冲突的产生，受影响最深的就是孩子。如果孩子一直处于一个压抑没有交流的家庭，一个充斥着谩骂的家庭，一个控制欲强得不到尊重的家庭，除了性格受影响，孩子的身心成长也会受到巨大的影响。

我喜欢兰花，在养花的过程中发现有的兰花两年开一次花，有的兰花一年一开。我咨询专业的花农为什么会出现这种情况。花农说：“一般的兰花都是一年开，两年才开是因为花土里的营养物质少。如果营养物质少，你又不经常施肥，它就没办法开花。”

养育孩子也是如此，孩子无法健康快乐成长，是因为他根基的营养不够，也就是他从家长那里得到的爱不够。

但同时家长也要特别注意，给孩子足够的爱并不是溺爱。不要一味纵容孩子的行为、满足孩子的一切需求，无论这个需求是否合理。面对孩子的坏习惯，家长要耐心地帮助孩子认识到坏习惯的严重性和危害性，让孩子体悟家长对他无条件但有原则的爱。

得到这种教养方式的孩子会有强大的心理能量，拥有乐观、自信的性格，能够约束自己的不当行为，勇敢面对各种困难和挫折。

“首孝悌，次谨信。泛爱众，而亲仁。有余力，则学文。”这句话出自《弟子规》的总叙部分，意思是一个人要先学会做人，先具备好的德行，在这之后再努力读书学习才有意义。有知识却无德行、有学历却无品格的人是无法拥有好的未来的。好的品格是未来的基础，而幼儿及少儿时期正是对孩子进行品格教育的关键期。

第二章

童蒙养正：好品格本身就是竞争力

自律：减少“他律”，把选择权还给孩子

很多时候，家长错误地认为，明确地让孩子知道并能复述自己提出的要求，就能让孩子意识到自己需要做出哪些改变。但实际上，这些对孩子来说是外部的强制要求，而不是他自主自愿的。教育的目的不是塑造，而是唤醒；不是一大堆看似很低的底线要求，而是要唤醒孩子心中成长的力量。

子曰：“以约失之者鲜矣。”意思是因为约束自己而犯错误，这样的事情比较少。对于孩子来说，自律与专注力同样重要，没有良好的自我控制、自我管理的能力，就很难完成自己设定的目标。

前段时间，我看到一个教育者在短视频平台上分享教育理念，说他认为现在的家长有必要花费时间陪伴孩子写作业。为什么？因为在家长小的时候，电脑还不普及，他们放学回家后没有电子游戏，动画片也只有一两部，除了写作业似乎没有别的事可做。但是，现在的孩子面临的诱惑太多了，打开电脑，各种各样的游戏可供选择；打开电视，动画片 24 小时轮播；打

开短视频软件，大数据更是会根据孩子的爱好推送内容。

我也使用过短视频软件，用了三四天之后发现这个东西太让人上瘾了，于是直接卸载了，将近一年都没有碰。最近因为工作需要，我又用回了这个软件。可见，就算是自制力强的大人也会沉迷、上瘾，更何况是小孩子。

研究表明，培养孩子自律能力的关键时期是 3~12 岁。那么，家长如何抓住这一关键时期培养孩子的自律能力呢?

1.制定合理的家庭规则并执行

制定一个合理的规则，是培养规则意识的开端。孩子不是天生就自律的，对于很多孩子来说，自律的前提是他律。比如看电视时，家长要先和孩子约定看的时间，在规定时间内孩子可以自由选择想看的内容，但约定时间一到，孩子必须自觉停止。

严格执行规则也很重要。家长不能因为任何原因而妥协，要让孩子知道，有了规则就要执行，逐步培养孩子的规则意识。

2.给孩子足够的尊重

一个人的自律性取决于他的自尊水平。自尊水平越高，自律性越强；自尊水平越低，自律性则越差。生活中，有的家长会用“你发誓，只看半小时手机”“你保证，就吃一粒糖”“你发誓，下次绝不再犯”等类似的话对孩子进行管教。殊不知，这些语言背后传递的不信任已经严重打击了孩子的自尊心。信任一个生命本能地愿意朝着好的方向生长，信任孩子愿意对自己负责，允许孩子在一定的范围内做出自己的选择，就是在尊重孩子生命的个体性，在维护孩子的自尊，在培育孩子的自律能力。

孩子的自尊需要家长持之以恒地培育与呵护，父母爱子为之计深远。孩子是独立的生命个体，如果你真正爱孩子，就不要包办孩子日常事务，从小培养孩子自己的事自己做；当孩子犯了错时，不要情绪化地当众批评指责，而是提出建设性的建议；不要将孩子作为个人攀比或炫耀的对象；不要随意打骂孩子强迫其做违背其意愿的事；不要把自己的意志强加给孩子……给孩子生命的成长留出足够的时间和空间，在互动交流中多些耐心，给予孩子表达思想观点的自由。

3.让孩子学会反思自省

曾子曰：吾日三省吾身。日日反思自省是古圣先贤修身的良方。反思自省会促使一个人不断走向自律和自我完善。在现实生活中，家长应引导孩子从整体和个体两个角度入手，以培养孩子反思自省的能力。

整体角度，是当孩子遭遇挫折或受到批评、指责陷入低谷时，家长要引导孩子用整体性思维全面思考问题，即将个体放在一个更宏大的系统中去看待问题的出现，考虑各种因素之间的联系。久而久之，孩子就会形成从多方面多角度来思考问题的习惯。这种习惯一旦形成，孩子将会受益终生。

个体角度，则是家长要引导孩子发挥个体生命的自觉性和创造性。“行有不得，反求诸己”，不怨天尤人，抱怨不公。“天地之性人为贵”，遇到问题时要静下心来想想，我做得怎样？我做得对吗？当下我能做些什么？

4. 家长应该以身作则

孩子自律的根源在于家长。家长除了进行语言的教育，更多地应该行“不言之教”，以身作则。

前段时间有一个视频在网络上流传很广，一个母亲将便携式摄像头固定在孩子的身上，以孩子的视角来看孩子的行为和语言。通过回看录像我们可以发现，孩子的行为和语言完全在模仿大人。孩子就像一面镜子，通透地映射着大人的言行。

还有一张照片广为流传，在地铁上，拿着书本认真看书的孩子，边上坐着一个同样捧书阅读的妈妈；一个斜坐倚靠拿着手机在玩的孩子，边上是一个以同样姿势在玩手机的家长。

所以，想要孩子自律，家长就应该先从自己做起。

孝心：关爱父母是孩子一生幸福的开始

古语云："百善孝为先。"一个能够孝敬自己父母的人，也有一颗善良仁爱之心。"孝"不仅是我们中华民族的传统美德，也是我们做人的根本。如果一个人连孝顺父母、尊重长辈都做不到，那么他的道德品质会好吗？在社会上又能有多大作为呢？

其实，每个家长都深知孝顺的道理，也都明白孝敬父母长辈是一种美德，可是在教育孩子时却往往忽略了这方面的内容。我们发现，有些孩子被长辈批评几句就不高兴了，甚至还顶嘴或动手。有的家长认为，孩子现在还小，等大了慢慢就懂了。殊不知，孩子在小的时候不懂，长大了又怎么会懂呢？

孝亲尊师是一切生命的动力、德行的根基。启发孩子的孝心就是对孩子最好的教育，这种教育带给孩子的是一辈子的喜悦和快乐！只有培养孩子孝顺的心，他才能有同理心、有爱心，才能和他人沟通共处。

1.让孩子体会家长的付出

孩子的爱心从哪里开始培养？从能体会家长的辛苦、体会家长的爱开始。现在很多家长对孩子都是有求必应，把孩子照顾得无微不至，让孩子生活在自己的童话世界中。其实这样是不对的，在给予的同时要让孩子懂得家长的辛苦。比如，妈妈可以带着孩子做一顿饭，让孩子亲身体验其中的辛苦与不易。通过这样的引导来培养孩子的孝心和仁爱之心。

在教学中，我们经常采用的一个方法是让孩子写出家长的优点。在我们举办的夏令营中，最重要的课程之一就是孝道。我们会用两天的时间，给孩子讲家长对家庭的付出，然后让孩子根据我们讲的内容，找出他能体会、能感受到的。

2.让孩子学会做家务

曾国藩说，判断一个家庭的兴衰成败只需看三个方面：第一，这个家庭的孩子是否早起；第二，这个家庭的孩子是否读圣贤书；第三，这个家庭的孩子是否干家务活。

有些家长舍不得让孩子与家务沾上关系，结果却让孩子直到上了大学都没有生活自理的能力。而且不会做家务的孩子，在性格方面也会有较大的依赖性。

如果你的孩子已经七八岁了，但是一次地都没有扫过、一只碗都没有洗过，那就让他从简单的做起，慢慢学会为家人分担，在行动中体会家长做家务的辛苦。

3. 以身作则，带孩子一起孝顺老人

想要培养孩子的孝顺之心，家长就要在日常生活中把自己的孝顺表现出来。父母是孩子模仿的对象，如果你对老人不尊重，长时间不去看望老人，还当着孩子的面说老人坏话，那么以后，孩子对你的态度可能也会是这样。

所以，家长要以身作则，孝敬老人。在孝敬老人的时候也可以让孩子做些力所能及的事情，比如，照顾长辈的生活起居、多承担一些家务等。如果是和长辈异地而居，就要经常给长辈打打电话、聊聊家常，有空的时候多带孩子回家看看。这些行为，都会被孩子看在眼中、记在心里。

在平常的交流中，家长也可以多和孩子们分享一些古今中外、发生在身边认识的人身上乃至动物界的孝心故事。如汉文帝亲尝汤药、子路借米孝敬父母、陈毅将军照顾母亲等，让孩子生发孝心。

养成教育的五种品格之中，仁以孝道为根基，孝道需要家长以身作则，以身作则才会有力量。家长对自己的长辈的爱是充足的，才能引导孩子孝顺感恩。

感恩：世界上没有不懂感恩的成功者

《诗经》中说："父兮生我，母兮鞠我。拊我畜我，长我育我，顾我复我，出入腹我。欲报之德。昊天罔极。"一个家庭最大的幸福，不是养出来的孩子多有出息，而是孩子懂得感恩。

生活中有些家长在"再苦也不能苦孩子"的教育理念影响下，不管自己经济有多拮据，也要让孩子在物质消费上享受"小康生活"。但家长过分的关爱和全身心的付出容易使孩子养成强烈的依赖性，并心安理得地享受，理所当然地索取。"由俭入奢易，由奢入俭难。"当孩子在物质生活上极大丰富的时候，他获得幸福感的阈值就会变高，一旦降低标准，孩子便会觉得家长亏欠了他，从而变得骄横、叛逆。

实际上，正是家长对孩子不加限制的爱，才让孩子变得如此"无法无天"。有些家长往往只关心孩子是否吃饱穿暖，只关心孩子的成绩高低，却忘了教孩子懂得感恩。

亲情不需要回报，但值得感恩。中国有句老话叫"养儿防老"。但大部分的父母，对孩子的爱是出于本能，并不是寻求回报。教育孩子感恩，也只是为了让他们知道，他们正享受着别人的付出，他们的生活因为别人的付出而幸福。

对一个家庭来说，家长是根，孩子是果。果实出了问题，多半是根有问题；孩子不懂感恩，往往是家庭教育出了问题。古语有言：“为人母者，不患不慈，患于知爱而不知教也。”

那么，家长到底应该如何对孩子进行感恩教育，根植感恩的理念和思想呢？

1. 不要“帮”孩子太多

有位家长来找我咨询，说他刚上一年级的孩子总是有说不完的抱怨：一件事没做成功，便怨天尤人；上学没带作业被老师批评，怪奶奶不给检查书包；上学路上摔了一跤，怪妈妈没有给他选好鞋子。这位家长很苦恼，他说家里并没有人是这样的性格，不明白是哪一步的教育出了错。

我问道：“孩子是不是基本没有独立做过什么事？基本都是大人包办？”这位家长回答：“他年纪小，很多事都弄不好，基本都是我们给做的。”我说：“这就是原因。”

家长包办太多，孩子没有担当，也不知道做事的辛苦。因此在总结失败原因的时候，孩子只能去怪做这件事的大人。这位家长恍然大悟，说回家就要和家里人一起商量一下，逐步让孩子自己做事。所以，无微不至有时也能成为一种伤害。

一个事事被家长代劳的孩子，从来不觉得这种付出有多辛苦，因此他们不懂得怎么去爱身边的人，最终变得越来越冷漠。

其实，不管是起床、做作业还是吃饭，都是孩子的本分。家长总是不相信孩子能做好，才有了各种各样的包办代替。放手，把属于孩子的责任还给他们，才是对孩子最好的关爱。

2. 教孩子经常说“谢谢你”

伸手不打笑脸人，拒绝不了道谢心。出门办事求人，我们说得最多的就是“谢谢”两个字。家长要教孩子经常说“谢谢你”，哪怕别人帮了一个小小的忙，也要让孩子说上一句“谢谢你的帮助”。一句感谢的话，不仅能体现孩子的感恩之心，更能体现孩子的家庭教养。

“谢谢”是与感恩和爱紧密相连的，唯有让孩子学会说“谢谢”，孩子才能学会表达自己的爱。因此，感恩教育绝不仅仅是在某一个特定的时期、某一种特定的仪式，而应该贯穿于细节、贯穿于日常，让它成为孩子的一种习惯。

3. 参加志愿活动

参加志愿活动对培育孩子的感恩之心很有帮助。志愿活动意味着自愿的付出，而人在付出的时候，内心会期待对方因为自己的给予而感到幸福。因此，愿意付出的人常常会把关注点放在怎样让他人幸福上。

家长可以在孩子假期时与他一起参与志愿活动、做义工，或者捐赠闲置的衣物和玩具给需要的人，让孩子根据自己的能力主动地帮助他人。

当然，就爱的回馈顺序而言，孩子付出的第一个对象应该是父母。当孩子心中还没有主动付出这个概念的时候，父母可以试着“示弱”，创造让孩子做事的机会，成全孩子为父母的付出。例如，准备一桌饭菜之后，要求孩子给家人摆放碗筷；外出回家后，要他帮忙整理鞋子等。

习惯：训子千遍，不如培养好习惯

一些家长向我咨询，说自家孩子有很多不好的习惯，孩子自己也知道，但就是不知道该怎么改正。其实，孩子也不是故意要犯错，有可能是因为在最合适的时期，家长没有帮助孩子培养好习惯。

0~4 岁是个体秩序感发生、发展的敏感期，5~6 岁儿童大脑神经活动具有高度的可塑性，抓住这一时期进行培养，更有助于孩子养成良好的习惯。

前段时间，我和一个家长聊天，她的孩子考上了一所非常好的大学。我问她觉得自己的孩子高考成绩好与家庭教育之间有什么关系，她回答说：“其实就是习惯的培养。我和他的父亲都不太懂教学，也没有给他报太多的补习班，但是从他小时候起，我们就一直注重给他培养好的习惯，比如早起、自己的事情自己做等。我们也经常带他体验生活，让他自己解决问题。也是因为这样，他的自理能力和自我约束管理能力比较强，在学习上也有动力。”

根据多年来的教学经验，我大致总结出以下三点，可以帮助孩子培养良好的习惯。

1.作息习惯是一生健康的基础

良好的作息习惯不仅可以使孩子的身心健康得到保障，还能使孩子拥有充沛的精力，茁壮成长。

养成良好的作息习惯对孩子的学习也是十分有益的，特别是幼儿时期的作息习惯对过渡到小学阶段特别重要。对学龄前儿童，家长可以与孩子商量，制定一个具体的作息时间，并且认真执行。低年级儿童比较听从家庭以外的权威，可以借助老师、医生之口，传达好好睡觉的重要性。

当孩子从小就习惯了按时按点地做每一件事，比如起床、吃饭、运动、阅读等，上小学后，他才能自主规划自己的学习和生活，更加有规律地进行娱乐和学习，达到两者的平衡。

2.从小养成爱思考的习惯

孩子的优秀成绩都是依靠平时一点一滴的积累，从量变上升到质变而达成的。平时有好的学习习惯，才能取得好成绩。所以，家长在孩子平时的学习中就要严格要求，力求打下扎实的基础。

有的孩子家长问我："老师，我的孩子就是不爱思考，看书看了一遍什么都记不住，怎么办？"

爱思考的孩子在看书的时候就已经把“输入”的内容“消化”了，而有的孩子也的确是在看书、学习，只是在这个过程中他没有进行思考。为什么会出现这种情况呢？就是童蒙养正阶段他没有养成思考的习惯，没有习得好的学习方法。

3.从用餐开始培养孩子的良好习惯

用餐礼仪的背后是用餐习惯。一日三餐有着教养的大智慧，我们应在孩子小的时候就教给他如何用餐，这不仅关乎孩子的身体健康，也关乎孩子的人际交往。比如，我们可以帮孩子养成健康的用餐习惯：“食适可，勿过则”；吃饭不狼吞虎咽；吃饭时不喝冰饮料；不挑食偏食。还可以帮孩子养成礼仪习惯：“长者先，幼者后”；不把筷子插在饭上；不对食物挑挑拣拣；不把米粒撒在桌上地上；等等。好的用餐习惯，也体现着家风，让孩子受益终生。

养成后的习惯是会跟随人一辈子的，如果孩子打心眼里觉得学习是一件理所当然的事情，那么他无论参加中考、高考，还是就职以后的资格证考试，无论应对哪种考试都不会觉得太辛苦。

一些商人对学习的重要性也颇有感触，不被眼前的快乐冲昏头脑，养成每天孜孜不倦学习的习惯，这才是超乎头脑灵活度的真正实力所在，而这绝非一朝一夕就能实现。

学习习惯会成为一个人一生重要的财富，也是他在社会上劈风斩浪、砥砺前行的必要技能。

守信：孩子行走社会的道德资产

诚实守信是人的立身之本，是全部品行的基础。一个言而无信的人，是令人不堪为伍的；一个言而无信的民族，是自甘堕落的。

有人做过统计，发现《论语》中“信”字出现了38次，频次虽然低于仁(109次)、礼(74次)，但是高于描述道德规范的多数词汇，如善(36次)、义(24次)、敬(21次)、勇(16次)、耻(16次)。诚信的习惯具体包括遵守诺言、说话算数的习惯，实事求是的习惯，真诚待人接物的习惯，守时的习惯，等等。

孟子曾说人生有三乐，其中一乐就是“仰不愧于天，俯不怍于人”。无愧于心，诚实守信，是人生一件乐事。言而有信，也是做人的基本道理。说到做到、不欺骗别人的人，自然会得到社会大众的支持和帮助。

当你讲诚信的时候，别人也会以诚信待你。这个时候你会发现，诚信的力量有多大。所以，一个人讲诚信不仅是为了别人，更是为了安自己的心。当一个人心安时，他就问心无愧，做事情就有力量。

人往往在高兴的时候都会随口承诺。有些大人在忙时，无论孩子要什么，都是“好”“给你”“拿去”。这样久而久之，孩子就知道家长忙的时候是他要东西的最好时机。这一点家长一定要注意，不然孩子学到的不是老实，而是察言观色、投机取巧。

《弟子规》中说：“凡出言，信为先。”我们对自己所做的承诺，绝对要放在心上认真履行。

前几天，有个家长向我反映了这么一件事：他家孩子今年上五年级，跟同小区的几个同学约好第二天早上六点半到公园跑步。他家孩子六点半准时去了，另外两个同学一个也没来。他的孩子很失望。

这位家长说：既然约好了，就应该守信。诚信，守信，这是一个人最基本的品质。他也不知道该如何与孩子解释。

教育之路漫漫，而孩子的许多行为举止其实是在模仿家长，故而家长要给孩子做好榜样。下面给大家讲讲如何引导孩子培养诚实的优良品质。

1.故事正向引导

“举直错诸枉”（《论语·为政》），用讲故事树榜样的方法，给孩子传递正能量是很好的浸润式教育方法。家长可以用孩子喜欢的语言给他们讲述一个个有趣的诚信故事，让孩子在故事人物的生命体验中体悟优秀品德的重要性。

2. 承担不讲诚信的自然结果

孩子可能会在小伙伴面前轻易许诺，并没有考虑失信的后果。家长要及时引导孩子了解不讲信用的后果，并让孩子承担失信带来的自然结果。在真实的体验中，孩子能够及时修正行为，养成良好的品格。

比如，孩子和小伙伴约好周日一起去踏青，可是到了早晨不愿意起床，没能兑现约定，后来小伙伴逐渐就不愿意带他一起玩了，说他有可能“说话不算数”。孩子在他人的反馈中体验了失信带给自己的不良后果，内心受到了触动。同时，家长要及时告诉孩子，只有及时改正，重新建立信守承诺的个人形象，才能获得小伙伴的感情与信任。

3. 家长的诚信示范

诚信品格的养成非朝夕之功，“以身教者从，以言教者讼”。家长要以身作则，在生活中坚持诚信正直的言行。尤其是在利益面前，比如金钱、名誉、升职……如果违背了诚信和正直的原则，对孩子的成长会带来负面的影响。

《陶母戒子》是一则耳熟能详的诚信身教故事。东晋名将陶侃做监察鱼梁事务的小官时，曾派人送一陶罐腌鱼给母亲。他的母亲收到后又原罐退还，同时附了一封信责备陶侃，说：“你做小官，拿公家的东西来闭塞给我，不但对我没有好处，反倒使我担心。”为此，陶侃深受教诲，终身诚信正直，清正廉洁，成为一代名臣。

可见，诚实守信、严于律己的家长是孩子行为处世最好的榜样，我们经常说家长是原件、孩子是复印件，就是这个道理。

孟子说："诚者，天之道也；思诚者，人之道也。"鲁迅先生曾言："诚信为人之本。"从古至今，人们都将诚信视作修身养性、立业交友的根本。只有以诚待人、以信立业，才能赢得他人的尊重和信赖，社会才能始终处于良性的发展之中。

沟通：让孩子的心不再孤独

很多家长都抱怨：为什么现在的孩子不听话？为什么现在的孩子不能理解家长的苦心？为什么现在的孩子都这么难交流？

朋友家的孩子晨晨从五年级开始，就很抗拒和父母沟通：不是把自己关在屋里禁止父母入内，就是话不投机半句多，与大人大吵一架。晨晨从小乖巧、听话，这样突然的转变让父母很费解：为什么孩子突然就“不听话”了？

事实上，从幼儿园开始，晨晨做什么都得听妈妈的安排，只能服从，根本没有讨论沟通的空间。随着年龄的增长，晨晨见识了更宽广和丰富的知识世界，有了独立的思考和判断能力。但是，父母还是按自己的“老一套”和晨晨交流，晨晨只能选择反抗或沉默，结果就是渐行渐远。

其实，矛盾的根本在于妈妈坚持己见，没有掌握和孩子沟通的方法，导致孩子产生对立情绪。

良好的沟通是打开孩子心灵的一把钥匙。很多家长对于这句话都深有感触，尤其是在孩子的学习教育上。大部分孩子对很多事物都有着自己的看法，家长们很想跟孩子好好交流，但是却没有掌握好的方法。

家长与孩子沟通之所以存在问题，主要有以下两个方面的原因：

1.理念陈旧，固守己见，失去了孩子的信任

有些家长抱怨，孩子开始不听话，出现叛逆现象，甚至话没说几句就开始吵架。

其实，这并不全是孩子的错。家长的思想认知无法抵达事物的本质，又不能与时俱进，及时跟上孩子成长的步伐走进孩子的内心世界，因而面对孩子与自己不同的看法、观点、行为时，企图以各种恐吓命令、简单粗暴的方式让孩子听话懂事，结果必将适得其反，在不知不觉中失去了孩子的信任，让孩子和自己日渐疏远。

2. 不会和孩子“共情”

有好的感受才会有好的行为，孩子的感受和他们的行为有着直接关系。有些家长缺少对孩子的“共情力”，只站在大人的角度思考问题，忽视了孩子的感受。

我们曾经在学校里举办了一次活动，同学们可以相互买卖各种物品，也可以说成是一个跳蚤市场。这个活动的目的是让孩子们体验生活，还有就是废物利用，并促进孩子间的交流。这次活动有两个规则：一是孩子家长最多给孩子 20 元钱，二是所有的物品都不能卖得太贵。

在这次活动中，有一个女孩花了 20 元钱买了一个大概只值 2 元钱的塑料花。回到家之后，她的爸爸说：“20 元钱可以买很多东西，你怎么就买了这么一个破塑料花？”小女孩立马就哭了。她妈妈很聪明，就问：“宝贝，你跟妈妈说一下，你为什么要买这个啊？”孩子说：“妈妈，你有一次说那个供养圣贤先师的地方两边有花就好了。我看到有人卖这个花，就想给你买过来，整个集市只有他卖这个。”妈妈听到这句话之后，一下把孩子抱在怀里说：“宝贝，你做得很好，你真乖，你真懂得孝顺！”孩子的委屈一下子就释放了出来。

基于理解，孩子才可能跟你吐露心扉。为什么孩子在家长的监管之下学习就很有压力，就想不出答案来了呢？因为家长总说孩子笨，总催促孩子赶紧写作业，却没有告诉他解题的方法。

小学阶段的孩子抱有一种欲望，他们希望自己的处境能够得到周围大人们的理解，并且希望通过聊天的方式，传达自己所经受的痛苦、所感受的快乐。

所以，家长要营造一种环境，以理解孩子的特性和诉求，从而与之产生共情。具体来说，家长必须建立以信任为根基的亲子关系，让孩子可以对你敞开心扉、吐露烦恼。

王阳明说："志不立，天下无可成之事。"人如果没有志向，即使博学强识，也可能一生一事无成。"志不立，如无舵之舟，无衔之马，漂荡奔逸，终亦何所底乎？"舵，控制船只方向的装置；衔，控制马匹方向的器具。不立志，人生就如同无舵之舟、无衔之马，如同大海中漂荡的浮萍，随波逐流，内心的力量也会随时间而消耗。

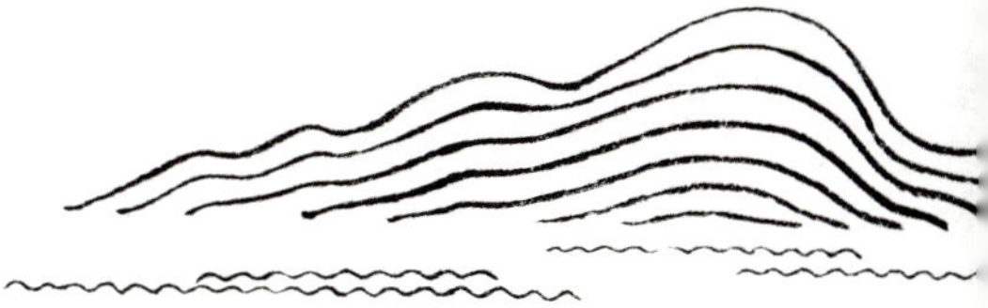

第三章

少年养志：玩物必然丧志，成才必先养志

责任：有责任心的孩子，在哪里都是优秀者

提到责任感，很多家长觉得离孩子很远，觉得孩子长大之后自然而然就知道负责了。

实际上，无论是在社会大舞台，还是在个人生活的小舞台，每个人一生，在不同的时期、不同的环境中，都扮演着不同的角色，承担着不同的责任。从字面上理解，责任有两层含义：一是个人对自己和他人、对家庭和集体、对社会和国家都有应尽的义务；二是没有做好自己的工作，而应承担的不利后果或强制性义务。具有强烈的责任感，是每一个孩子自我意识发展成熟的重要标志。清代思想家王夫之在《读通鉴论》中提出："居其位，安其职，尽其诚而不逾其度。"他认为，一个人的使命就在于对自己的工作尽到责任。

对孩子进行责任教育，无论是对其人格的完善，还是适应未来社会发展的要求，都是十分重要的。现在有些孩子存在责任感欠缺的情况，比如放学后让家长替自己打扫教室卫生，甚至有的家长还雇人替孩子打扫教室卫生。其实，打扫卫生不仅

仅是对孩子的一种劳动教育，更重要的是培养孩子的集体责任感，是培养孩子热爱集体、维护集体荣誉的方式之一。

责任心是一个人安身立命的基础。一个没责任心的孩子是很难有自我认同感的。这样的孩子做事情会虎头蛇尾，不懂得坚持，而坚持恰恰是成功必不可少的条件。一个没有责任心的人，很难做到持之以恒，将来很难获得成功。

其实，孩子日常的很多不当行为，恰恰就源于成长早期的责任感缺失。因此，家长必须重视孩子责任感的培养。具体应该怎么做呢？

1.从生活小事培养孩子自我负责

培养孩子的责任心，要从点点滴滴的自我负责做起。“置冠服，有定位。勿乱顿，致污秽。”《弟子规》谨篇，全篇都在讲如何从小从衣食住行开始培养孩子严谨认真、自我负责的良好习惯。一个人一旦养成自我负责的品格，推而及之也能对他人对社会有强烈的责任心。

家长切不可以“孩子还小，我来替他做，长大了自然就会了”这样的话语去承担本该孩子承担的责任。

有个小女孩去好朋友家玩，发现玩耍的阳台有些凌乱，空间不够，就提议和好朋友一起整理。好朋友不以为然，说让妈妈来做就好了，不认为自己有责任和义务去清理，哪怕是为自己整理出一个整洁的玩耍环境。果然，这两个孩子长大后表现出迥然不同的性格特点：一个自我高度负责，自尊自强积极进取；另一个做事依赖，逃避畏难。之所以产生这样的差别，除了先天个性气质上的差异，后天的教育养成起到了关键作用。

2. 在互动游戏中渗透责任教育

在游戏中学习是幼儿主要的学习形式，也是每个年龄段孩子都感兴趣的活动，因此游戏是培养孩子责任心的最好方法之一。

无论是象征游戏还是角色游戏，无论是联合游戏还是合作游戏，在游戏中，孩子们都要进行人际交往，要和他人相互配合，要承担一定的任务，这些都能促进孩子责任心的发展。

家长如果能有意识地编排好培养责任心的角色游戏、合作游戏，并在过程中予以指导、鼓励，游戏结束后进行提炼、启发式教育，就能达到很好的教育效果。

3. 鼓励孩子承担责任

孩子好奇心强，什么都想去摸摸、试试，但随意性很强，做事总是虎头蛇尾。所以，交给孩子做的事情，哪怕是很小的事情，家长也要检查、督促，对结果进行评价，以便培养孩子持之以恒、认真负责的好习惯。

例如，许多孩子喜欢养小动物，这个过程就是培养孩子责任心的绝佳机会。家长在答应孩子的要求前，可以和孩子就责任范围、标准进行分析探讨，细化分配，并形成约定，让孩子负担他能够做到的部分，比如换水换食、清理小动物的排泄物等。当然，孩子在照顾小动物的过程中，难免三天打鱼两天晒网，还会有不到位的地方。这时，家长应该进行监督，在必要的时候提供指导，并告诉孩子疏于照顾的后果。孩子将在实践中锻炼做事的能力，并从照顾小动物的体验中获得回馈的喜悦感和价值感，从而在潜移默化中培养出责任心。

在孩子能力范围内的事情尽量放手让他做，让孩子在自信中学会承担后果，而不是因为害怕而逃避结果，甚至连想都不想地就去做事。

很多人之所以能够义无反顾地去做一件事情，是因为他有内在的心力支撑。这个心力支撑的核心就是爱，就是责任感。在工作中，容易被领导重视、被大家所认可的人都是有责任感的人，而这种品格在幼儿时期就可以培养。它是一种内在的心智模式，也是 种内在的品质。

理想：帮孩子找到理想，让孩子自觉自发努力

我们做家长的要帮助孩子寻找人生方向，确定人生目标，让孩子活成他自己，而不是活成你期望的样子。活成他自己，他才会活得有奔头、有价值，才会有追求的意愿，会产生强劲的内驱力，面对各种困难也会主动想办法去克服。

朱熹在《论语集注》中说道："古者十五而入大学。心之所之谓之志。此所谓学，即大学之道也。志乎此，则念念在此而为之不厌矣。"这句话中最为关键的一个字就是"志"。

王阳明 14 岁开始立志成圣贤。民间有这样一个传说，他的老师问："你们有什么志向啊？"有的同学说要考取功名，有的同学说要光宗耀祖。王阳明却说自己想成圣贤。王阳明的父亲却说："你要成圣贤，圣贤岂是你能成的？你好好考取功名吧。"但是经过了多年的磨炼，王阳明最终真的做到了。

所以，理想是一个人身心的主宰，一旦找到理想，整个生命就有方向、有目标。周恩来总理在少年时代曾说："为中华之崛起而读书。"梁启超说："少年智则国智，少年富则国富，少年

强则国强，少年独立则国独立。”

北京大学一位心理学教授发布了一组数据：30.4%的北大新生厌恶学习。同时，他还提出了“空心病”这个概念。

这部分考上了名校的学生，按理说应该有着光明的前景，可是他们仿佛置身于迷雾之中，没有目标感，人生失去了方向。在高考之前，按照父母的教育与意愿，他们唯一的目标就是考上一个好大学。可成为名校生之后，他们就再没有了人生的方向，其中一些同学甚至到了毕业，也没有找到人生的方向。

有位同学对这位心理学教授说道：“我不知道我是谁，我不知道我到哪儿去了，我的自我在哪里，我觉得我从来没有来过这个世界，我过去20多年的日子好像都是为别人在活着，我不知道自己想要成为什么样的人。”因为没有目标，没有理想，整个生命没有方向。

其中原因虽然很多，但不容忽视的，是家庭中理想教育的缺失或偏差。这个例子告诉我们：理想教育一定要彻底，上大学不应该是孩子的终极理想，只能是孩子实现人生理想的一个步骤。

如果说一个孩子在少年阶段能够找到自己的主心骨，他整个后半生就有了方向。

知乎上有一个问题：你还记得你小时候的理想吗？你的理想是什么？评论中，有的人兴奋得滔滔不绝，因为几十年后，他们活成了自己想要的样子；有的人却闷闷不乐，因为他们小时候的理想已消弭于成长的岁月中。

我的一个朋友就对此唏嘘不已。他说他曾经想学摄影，但父母不以为然，认为学习摄影没有好的发展前途。在父母的打压下，他只能把这个梦想深深地埋在心底。

理想是脆弱的，若不被正视，就如一碰就破的泡沫；理想又是珍贵的，若能得到认可，孩子会欢呼雀跃地去追求。

一些原本普通的孩子最后变得优秀，我认为有两方面的原因：一是孩子认为自己“不同寻常”，所以这股内在的力量推动着他努力变得优秀；二是他们受到了更多来自外界的信任，比如家长、老师相信他们是有前途的，所以自然而然会给予他们更多的希望和鼓励。所以，让孩子有不断向上的动力，内因和外因同样重要，而“拥有理想”与“呵护理想”恰好是很好的切入点。

挫折：孩子有“韧性”，未来才能更抗压

孩子写作业遇到困难的时候，不去寻求解决办法，只顾着在一旁发脾气。

孩子遭受失败后，不敢再次尝试，只在一旁自暴自弃。

这些场景是否很熟悉？

孩子成长的过程中，会遇到很多挑战和失败，每一次经历和重复出现的心理过程，都有可能影响孩子的发展。

“故天将降大任于是人也，必先苦其心志，劳其筋骨，饿其体肤，空乏其身，行拂乱其所为，所以动心忍性，曾益其所不能。”挫折是锻炼人的，让人的身心更加强大。如果能有这样的想法，我们在面对挫折时会更加坦然。

孩子在成长过程中难免会遇到挫折，然而，现在孩子的抗挫能力却普遍较差。近年来，青少年轻生事件屡见不鲜且有低龄化趋势。和家长争执、被老师训斥、成绩不理想、犯错怕遭责骂，甚至是“爸爸不让看电视”“老师没收手机”之类的所谓“事件”，竟成了一条条鲜活生命凋谢的缘由。孩子如果没有一

颗有“弹性”的心，就很容易被压力击垮。在挫折与困难面前，决定一个人成功与否的关键为是否具有抗挫力，即在面对逆境时的处理能力。

著名心理学家马斯洛曾说：“挫折对于孩子来说未必是件坏事，关键在于他们对待挫折的态度。”人的一生难免遇到大大小小的困难，家长必须从小培养孩子面对挫折的能力。孩子在遇到困难的时候，难免产生消极、退缩的情绪，并且希望家长能够出手相助，此时家长要告诉孩子：“困难只是暂时的，只要我们一起面对、一起解决，很快就过去了。”并且家长在帮孩子分析遇到困难的原因时，不要完全归咎于客观原因，要善于帮孩子找到主观原因。

挫折是每个孩子成长路上必备的“绊脚石”，有些家长却担心自己的孩子摔疼了，于是想尽办法把这些“绊脚石”清理干净。

也有一些家长从孩子学习走路这件小事上，就开始锻炼孩子敢于面对挫折的勇气。当他们摔倒的时候，不是马上跑过去把孩子扶起来，而是鼓励孩子自己站起来。通过这种方式让孩子明白，面对挫折时需要自己振作精神，勇敢地爬起来。这样在以后的生活中，孩子一旦遇到困难和挫折，首先想到的不是寻求家人的帮助，而是自己想办法解决。因此，在孩子摔倒后让他（她）自己爬起来，不失为一种很好的教育方式。

总之，家长要想培养出一个优秀的孩子，就要有放手让孩子吃苦的心理准备，只有舍得放手才能使孩子得到更充分的锻炼。具体可以从以下三方面着手。

1. 适当参与挑战，磨砺孩子的心性

经常有家长反映孩子这样的情况：孩子输了球赛好几天闷闷不乐，堆的积木倒了就大哭，游戏输了大发脾气，下棋时别人赢了就生气……这些都是因为孩子内心脆弱，没有正确的输赢观，或者大人陪孩子玩时为了激发孩子的兴趣一味迁就孩子、让着孩子。遇到这种情况，家长需要和孩子讲清楚，是比赛就有输有赢，而输赢都是正常的、暂时的，未来还会有更多的挑战。输了比赛并不可怕，怕输的心态才可怕。

家长可以在家庭生活中开展挑战模拟游戏，给孩子设置一些难度适宜的挑战活动与挫折情境。比如，让孩子做一些力所能及的家务，或者在安全的前提下，让孩子去超市帮忙购物，完成之后要给予孩子客观公正的评价。对孩子做得好的方面，予以诚恳地表扬；对做得不好的方面，也一定要就事论事地严肃批评。该“狠”的时候，不要心慈手软，以此磨砺孩子的承受力。

2. 多实践寻找解决问题的办法

孩子在学习中遇到挫折时，很容易陷入自责和懊恼，把失败归结于自己脑子比较笨，不适合学习，从而丧失了学习的动力。此时，家长需要帮助孩子分析，多寻找原因，少强调结果。

在和孩子的接触中，家长要多观察、了解孩子的学习环境和学习内容，必要时可以咨询任课老师和同班同学，及时了解孩子的学习状况。一般来说，孩子成绩不好原因是多方面的，所以家长要抓住主要原因，对症下药。

找到原因就要多找方法来解决问题。判断某种方法能否对孩子真正有帮助的最佳途径就是实践，在实践中为孩子找到更适合的方法。

3. 面对挫折，孩子要的是引导而不是指导

有个孩子放学回家和家长伤心地倾诉在学校遇到的问题：他没有如愿被选拔上校足球队员，原因是他看错了报名截止时间，错过了报名。他体能很好，感觉自己很有把握入选，但是却错失了机会，为此这个孩子懊恼不已。妈妈听完之后立马说：“就叫你看清楚日期吧，不然你再去找班主任老师争取一下，不行当替补吧！”这时，这个孩子停止了和妈妈倾诉，并自己回了房间。

这位妈妈很快意识到，孩子其实是在向她倾诉心里的失落和苦闷的情绪，而不是在寻求解决方案。在与孩子沟通的过程中，排在第一位的应该是关注孩子的情绪，这时家长需要做的就是耐心地倾听，给孩子倒一杯温水，递一张纸巾。等孩子情绪平稳下来之后，他会去思考自己应该如何去做。孩子遇到挫折后的负面情绪是需要家长理解和包容的。

晚上，妈妈找孩子表达了歉意，孩子被理解后很是开心，主动说了他的几种解决方案，并询问妈妈每种方案的利弊，而且已经在畅想“补救”之后的积极结果了，这说明孩子已经做好面对挫折的心理准备了。所以，当孩子面对挫折时，家长更需要同理孩子的心情而不是直接给方案。

挫折教育和赏识教育的方向是不一样的，对于不同的孩子教育方法应该是不一样的，一个是让孩子昂扬的教育，一个是让孩子内在沉静的教育，一个向上，一个向下。一个孩子本来就很骄傲了，还给他赏识的话，容易让孩子滋生骄傲自大的心态，最后他会不知道自己真正的斤两，没法安心学习；一个孩子已经很受挫折、很没自信了，如果还继续给他挫折的话，他就会更自卑、更没有自信。

自信：自信是种能力，自负是个包袱

自信是能力的催化剂，能把人的一切潜能调动起来，并把身体各个部分的机能调整到最佳状态。不自信的孩子，永远跟着他人的思路走，没有自己的想法；只有充满自信的人，才有可能取得成功。

在现实生活中，我们看到很多小孩子不自信。面对老师的提问，扭扭捏捏，不敢大声回答；面对陌生人，羞涩不敢打招呼。倘若孩子长期这样缺乏自信，那么会影响孩子的一生。

我有一个学生就是不想学数学。为什么呢？因为他在上初二的时候被数学老师打击了，这个老师总是批评他："你这数学为什么总是学不好，太笨了！"这导致孩子不喜欢这个老师，数学没有学好，就再也不想学了。他的家长问我："老师，还能不能让我的孩子学好数学？"我说："我给你找个老师吧。"这个老师能满足孩子的需求，换句话说就是能理解他、尊重他。这个老师给他上了几次课后说："你看你这么有逻辑，你一定能学好数学。"这个老师不断地鼓励他，最后孩子说："我发现我真的可以学好数学，我也愿意学数学了。”

美国哲学家爱默生说：“人的一生正如他一天中所想的那样，你怎么想，怎么期待，就有怎样的人生。”对于孩子来说，只有相信自己是最棒的，才能成为最棒的。当孩子做成了一件事，家长可以多表扬、鼓励孩子，让孩子明白自己很棒、很厉害。对孩子做的所有好事表示认可，在孩子失败的时候也可以跟孩子说：没有人能一直成功，你这次做错了很正常啊，下次再努力一定行！

不过，家长必须注意不能过度表扬，因为如果孩子抱有过强的竞争意识，就会破坏他自己的学习节奏。还是要根据孩子的实际水平，适当地刺激他的竞争意识。

从 1 岁开始，孩子就处于一个自我能量积攒的过程，怀揣着小小的内心世界，孩子们一次次过关斩将，接受着世界的挑战。家长帮助孩子培养自信，可以让他们更加有能量。

1. 在日常生活体验中建立正确的输赢观

俗话说胜败乃兵家常事，但许多孩子是不能接受失败的，或因一次成绩不佳而丧气，或因一次竞赛落后而自卑，到了成年甚至因为无法适应竞争环境而辞职。因此，家长要在生活中创设一些竞争项目或活动，让孩子在生活体验中建立正确的输赢观，习惯竞争中可能出现的失败，能够在客观评价自己的前提下逐步提升能力。

建立在实力之上的自信才是稳定和真实的，才能让孩子体会到真正的自我价值，走向人生努力的正向循环。体育运动是一项非常不错的活动，孩子可以在公平公正公开的体育竞赛中体会到不断超越自我的拼搏精神，直观地体验成败，建立正确的输赢观。

家长还可以在家和孩子玩扑克牌、下象棋等游戏，进行亲子间的游戏比赛。当孩子能欣然说出“我赢了”“我不甘心”之类能接纳胜败的话时，就已经有了胜不骄、败不馁的输赢观，心理耐受力也相应得到了锻炼。

2.最好的鼓励是相信孩子

生活中，家长总是担心孩子会受到伤害，或是不愿意让孩子添乱，从而阻止、代替孩子做事。这样的过度保护，无形中剥夺了孩子重要的体验机会，容易让孩子觉得自己什么都不行。

家长可以寻找机会让孩子看到一个全新的自己。可能在你眼里，孩子洗个杯子也许洗不干净，还可能摔碎了弄伤自己。但是对于孩子而言，靠自己的能力洗完杯子，就是一次小小的挑战，就是独立完成一件事的体验。

• 家长要主动创造机会、提供方法，让孩子能够学着去做、去认识自己，让孩子明白原来我可以这样做，而且我是可以成功的。孩子需要的不是过度呵护，而是你相信他能做好这件事的放手和信任。

3.不说破坏性的批评话

破坏性批评是指对孩子的人格进行否定式的批评，是对人自尊心的无情剥夺。

当孩子做错事时，有些家长往往企图通过严厉的批评来使孩子改掉缺点，这是一种非常错误和粗暴的做法。我们常说对事不对人，其目的是肯定及保护人的自我价值感。当孩子做错事的时候，家长应在保护孩子人格尊严的基础上，就事论事在行为层面进行指正和批评，并启发孩子从错误中总结教训，将每次的出错变成让孩子反思成长的机会，教会孩子用有效思维看待错误。一个建构了有效思维的孩子，内心是自信而饱满的，会敢于面对困难和迎接各种人生挑战。

反之，如果用破坏性的语言批评孩子，其实质就是攻击了孩子作为人的价值，使孩子感受到尊严和价值感的丧失，对自己彻底失去信心，甚至自暴自弃。

比如，孩子今天未能认真完成作业，家长可以这样说："妈妈知道你是个认真学习的孩子，看到你今晚写完了部分作业（肯定他的努力），但还有没完成的部分（客观描述出现的问题：没有完成的内容），是怎么回事呢？你打算怎么办？（启发孩子自我负责，找到解决问题的办法）"而非这样说："你怎么这么不爱学习（负向品格评价）！作业都写不完（只看到不足的部分），真是个一点儿毅力都没有的人（人格否定）！"因为一次的作业不认真，孩子的形象就被家长的语言塑造成了不爱学习、没毅力，还会在孩子头脑中留下这样的信息：“我是个不爱学习、没毅力的孩子。”家长的这些人格否定性评价，会存留在孩子的潜意识里，形成负面心锚，甚至能影响孩子一生。

我们常讲，幸运的人用童年治愈一生，不幸的人用一生治愈童年。孩子成长的过程就是不断试错并积累经验的过程，“域中有四大，而人居其一焉”。肯定孩子做到的部分和努力，为孩子的内心不断赋能，方能培养出一个无论任何境遇都能坦然面对的自信满满的孩子。

自强：人生的路自己走，藏起一半对孩子的爱

居里夫人说：“路要靠自己去走，才能越走越宽。”自强不息，乃幸运之母。如果你足够独立，你就是史无前例的；如果你能在困境中保持自强，你就是令人崇敬的。

在孩子成长的过程中，家长给予孩子的并不仅限于让他们吃饱穿暖，其实最重要的是培养孩子自立自强的精神。只有这样，孩子长大以后才能有驾驭生活的能力，才能在社会上更好地生存。谁也不能决定自己的出身，但鼓励孩子自信自强，最大限度地保护并激发他的好奇心，培养他独立高贵的人格，是每个家长都可以做到的。

事实证明，那些出身贫困但足够优秀的孩子身后，往往都站着好父母。贫困的出身和父母良好的教育，让他们早早就懂得了自强自立，知道了疼惜父母、照顾家人。这样家庭出来的孩子，往往不仅品学兼优，而且非常懂事。

试问，哪位家长不希望孩子未来能够成就一番事业呢？所以家长不仅要让孩子克服懒惰，还要让孩子知道天下没有免费

的午餐。家长要学会理性地爱孩子，把自己的爱“藏”起来一半，给孩子提供独立思考的机会，培养孩子的自主自强意识。这样，孩子在以后的生活中遇到困难才不会一味逃避退缩。

家长可以从以下两点入手，培养孩子自立自强的品格。

1.让孩子知道自己的长处

在培养孩子的过程中，最重要的是发现孩子的特质和天赋秉性，依据孩子自身的特点有意识地去培养，协助孩子成为最好的自己。比如，有的孩子身体协调能力很强，喜欢踢足球；有的孩子表达能力强，善于组织语言，讲起什么都津津有味，听起来趣味无穷；有的孩子动手能力强，能制作航模飞机；有的孩子乐感很好，有音乐天赋，唱歌、乐器样样拿手……

在哪个方面有专长并不重要，重要的是培养孩子有一种爱好。这里说的是培养孩子的一种爱好，而非帮助孩子去寻找一种爱好，真正的爱好起于兴趣成于培养，刻意练习是必要和必需的。

当孩子有自己的爱好并通过训练成为特长时，他的内心就有了对自己的一份确信，也能积极地赞赏他人的优点特长而不自卑，如同赞赏自己同等的爱好一样。这就是自信、自强！

我很喜欢听到孩子说：“我是我们班最出色的短笛手！”虽然这个孩子的学习成绩一般，甚至有些科目落后，但这份自信心和骄傲感，会促发他不断努力进取，成为更优秀的自己。

2. 变责备为激励

一些孩子在困难面前会退缩、会躲避，家长要引导孩子，在困难面前，要有勇气面对，而不是逃避。同时，对于缺乏自强的孩子，越责备他越没信心，严重的会自暴自弃。因此，我们要转换思维方式，从否定评价转换为肯定评价，从寻找孩子的缺点，转换为寻找孩子的优点，从责备转换为激励。

“这次干得不错哦！”“有进步，我很高兴！”“好样的，再努一把力会更好！”“知错就改，真不错。”“别泄气，失败是成功之母！”“有什么困难，咱们一起想想办法。”……

家长可以通过这些鼓励性的语言给孩子增加自信，同时减少他们面对困难的胆怯。

家长要明白，孩子经历的所有眼泪和苦难，其实也是孩子的一笔精神财富，可以转化成源源不断的动力。让孩子学会独立学习，独立思考，独立生活。自立才能自强，你是父母，不是孩子的保姆。

勇敢：一颗勇敢的心不是说出来的

孩子成长的道路不是一帆风顺的，总要披荆斩棘、乘风破浪。我们能给孩子提供各种玩具、漂亮的衣服、各种美味的食物，却给不了孩子勇敢的心。孩子在成长过程中，如果缺乏勇敢之心，就容易被各种困难击垮。因此，家长一定要鼓励孩子勇敢起来。

我们举个反面案例，感受一下。

有一天，我看见一群家长带着孩子在小区空地上玩耍，有的孩子有滑板车，有的孩子没有，小朋友们也会交换着玩。一个小女孩由爸爸带着，从她生疏的动作和崭新的滑板车可以看出，她应该是刚刚才开始练习。过了一会儿，一个小男孩骑着滑板车过来了，想和小女孩交换，小女孩还没有表态，小男孩已经双手握住小女孩的车把站在车上了，并把自己的车停在一边。结果这个时候，小女孩的爸爸放下一直在看的手机，突然叫嚷道："新滑板车就被别人骑走啦！你不想给他骑你要说话啊！你要懂得保护自己的权利，去要回来！"

这位爸爸说话声音很大，小男孩听见后，迅速放下女孩滑板车，被吓跑了。而小女孩呢，拿回了自己的滑板车，但一直低着头，脚也再没有踏上车，看得出来她感觉很没面子，不知如何是好。虽然她的爸爸本意是教她勇敢，但在这样强势的教育下，小女孩反而更加退缩。

有些家长认为，孩子如果在交往中受了欺负，要学会反击，不然以后进入社会受欺负怎么办。一个孩子如果被抢了玩具或遭到推搡，没有当场抢回来或打回去，而是哭着去找父母，大概率会受到父母的批评："哭有什么用，去拿回来啊！"殊不知，孩子处理问题的能力和方式，恰恰是在一次次试错中逐步形成的，这次被欺负了，下次他会提前观察，积累经验，面对不同的人，可能会有不同的解决方法，也可以观察其他同伴是怎么处理相关情况的。如果家长一味要求孩子"勇敢"，而没有给予孩子足够的试错空间，那么孩子可能会越来越胆小、越来越退缩。

其实，遇到这种情况，如果孩子间的冲突没有较大的安全隐患，很多时候家长可以不介入，在一旁观察，给孩子们一些空间和时间让他们自己解决，在这个过程中他们的社会协调能力也在慢慢孕育发展。家长如果立即出面调停，虽然冲突解决了，却也剥夺了孩子宝贵的心理成长机会。

在中国，有一句谚语叫“初生牛犊不怕虎”，当孩子还小的时候，他对世界上的一切充满了好奇和探索，表现出无所畏惧、什么都不怕的样子。伴随着年龄的增长，孩子的意识里开始有了“害怕、恐惧”的情绪，再加上家长、学校对他们进行危险与安全教育，家长会发现孩子变得越来越“胆小”，甚至做任何事都畏缩。

那么，如何让孩子拥有一颗勇敢的心呢？

1. 合理的关爱

现实生活中，有的家长对孩子比较严格，以极高的学习成绩或良好的日常表现来要求孩子。在家长看来，严格要求孩子是为了让他不断挑战自己，在各方面变得更优秀。

但是在这种环境下，孩子很容易培养起一种观念：家长的疼爱是需要赚取的，如果自己表现不好，很可能失去家长的关爱。这样，会导致孩子虽然在学习上表现很好，但是也容易胆小怯懦。

部分家长在看到孩子不听话或做错事的时候，会选择用体罚或冷言冷语的方式惩罚孩子。这样做很容易对孩子的自尊心造成极大的伤害。在家庭里被伤害过的孩子，也更容易封闭自己的心灵。

因此，和孩子相处时，家长需要注意给他们以合理的关爱，让孩子不仅免于受到伤害，还能逐步变得更加勇敢。

2. 父亲的陪伴和榜样

天行健，君子以自强不息。父亲身上独立、勇敢、自信、冒险等精神，会深刻地影响着孩子性格的形成。父亲经常陪伴的孩子，通常更具冒险精神和阳刚之气。

从心理学理论看，父亲是孩子脱离母亲怀抱走向独立的重要动因，是帮助孩子从母亲怀里走向外部世界的桥梁。一个孩子能够形成勇敢、果断、刚强的个性，离不开父亲男性气质的影响。尤其对男孩子而言，父亲更应以身作则，成为孩子成长中的榜样。

坚持：永不过时的品格，通往美好的捷径

坚持是一种特别重要的品格。“不经一番寒彻骨，怎得梅花扑鼻香”，任何伟大的成就，都离不开前期一点一滴的积累，要尊重时间规律，刻意练习，厚积薄发。

孩子的学习也是这样，刚接触时对什么都感兴趣，但随着学习的深入，必然要经历一段枯燥乏味的积累过程。很多孩子在这个时候就坚持不下去了，而有些家长则秉承着“尊重孩子意愿，快乐教育”的想法，孩子不想学了，就不学了，孩子想换课，就换一个，将“尊重”变成了“遵从”，没有坚持，一事无成。

我个人对这点也深有体会。我在大学的时候知道了新东方，我觉得这种企业太好了，既可以给人知识，又能够给很多人提供内在的帮助。2008 年，我开始创办汇贤雅少儿国学，现在全国有 100 多家加盟机构，后来我又创办了汇贤学校。2020 年，学校换了新校区，有了正规的教育资质。目前，我把青年时期的两个志愿都完成了，但这只是开始，我现在的志向是助力中

国的教育体系发展，也离这个志向越来越近。

我做传统文化教育的志向不会改变，也不会做别的事情，因为这个事情是我生命的一部分，就像我的手臂和我的身体一样，没办法分开。所以，我已经不用其他人再给我励志了，听什么成功学，说一定要坚守，要坚守自己的事业。这些对我来说，已经比较基础了，因为“志”已经早在我生命内在长出来了。

《全脑教养法》提到儿童的大脑就像一座两层小楼，分为上层大脑和下层大脑。由于孩子的上层大脑还在“建设中”，不能很好地控制下层大脑的杏仁核，因此孩子遇到困难很容易陷入情绪中。而成人的大脑已经发育成熟，当成人遇到困难之后，也会产生放弃的想法，但我们有理智，负责理性的大脑皮层可以做出理性的评估和决策，往往会想着目标，通过调用之前成功的经验来克服困难。

另外一个影响孩子放弃的原因是掌控感，即自己可以控制周围事物的感觉。孩子在遇到挫折之后，就会产生“我没办法做到、我掌控不了我当下要学习的内容”的感觉。

如何帮助容易放弃的孩子呢？

1. 故意示弱，增强孩子的掌控感

《道德经》里讲“善用人者，为之下”，这是一种极高的智慧。孩子在学习新东西的时候难免会遇到挑战，容易因为畏难而产生放弃心理，此时家长可以共情到孩子的畏难心理，通过适当的示弱表现，给孩子充足的心理缓冲空间，由此激发起孩子的掌控欲。比如，面对孩子学自行车时的恐惧感，妈妈可以和孩子分享自己小时候学自行车的有趣经历，夸张地说自己曾经怎样摔了个大屁墩儿，怎样的疼和好玩，在夸张、幽默、愉悦的情景描述中，孩子内心紧张、畏难的情绪在家长的“狼狈”表述中得到了疏解，孩子重新获得心理能量，面对新挑战有了去战胜、去掌控的勇气。

再比如，孩子学画画的时候线总也画不直，气恼地把笔扔到一边说：“我不想画了，妈妈画吧。”妈妈痛快地答应下来，但在画的时候故意画得还不及孩子，并说：“我想得简单，画起来还不如你画得直呢。”然后擦了画，画了又擦，最后孩子在妈妈笨笨的表现中忍不住了：“还是我来画吧。”家长恰当的示弱表现，给孩子的畏难心理提供了充足的缓冲空间，使孩子重新获得了面对挑战的信心。

2. 小步子策略，让孩子体会效能感

孩子缺乏较强的理性意识，在遇到困难时容易放弃，也更容易产生挫败感。因此，在他们参与活动的过程中，运用“最近发展区”的法则引导他们增强活动的效能感就显得尤为重要。

在活动中，不给孩子设置过高的目标，也不盲目比较，而是根据具体情况，与老师一起协商，找到孩子技能水平的“最近发展区”，据此调整学习的进程和步骤，让孩子在活动中逐渐

体会到效能感，感受到自己的进步。

心理学“最近发展区”提出的意义之一，就是提示教育者在给孩子设置任务的时候，将难度设在孩子能力“跳一跳，够得着”的区域，这样有利于孩子潜能的最佳发挥，从而让孩子体会到成功的效能感。

进步即使比较小，但孩子能感觉到进步就是一种积极的效能感传递，可以极大增强孩子的学习信心，这是最为关键的。孩子在做事中体验到的“我能行”的感受，是他人无法替代的真实的能力感，也只有自己才能让自己体验到这种愉悦感。

3. 培养孩子的学习意志力

学习是一场考验耐力的“持久战”，意志力的培养要从小开始。荀子在《劝学》中说：“骐骥一跃，不能十步；驽马十驾，功在不舍。”锲而不舍的努力具有强大的力量，行贵于恒，也是一个人品质的良好体现。

兴趣虽然是学习的动力，但永远不要低估意志、勤奋、习惯的力量。“艰难困苦，玉汝于成”就是这个道理，很多兴趣最终放弃，原因就在于中途难以坚持。如果不想让孩子以后后悔，家长就要从小对孩子的意志品质进行培养锻炼，在孩子想要放弃的时候，鼓励并陪伴孩子进行突破，鼓励孩子“再坚持一下，我会陪着你，你可以的”。

贰

成才篇

塑造高阶学习力

《论语》中载："知之者不如好之者，好之者不如乐之者。""乐知"是持续学习的前提，只有乐在其中，才能由内而外产生持续不断的力量；只有自愿自觉的选择，才能产生积极的态度，才会持续钻研，孜孜不倦。一个人对学习的态度，决定了他的学习成就。

第四章

学习动力：从源头激发孩子学习的内驱力

正确的目标和计划是学习动力的源泉

当下，不断变化发展的经济和文化正使社会的不确定性变得越来越大。因此我认为，当代家长的首要任务就是帮助孩子找到正确的方向，使他们能一一跨越威胁他们这一代人成长的焦虑、迷茫及自我沉溺。我还坚信，找到方向的关键，是发现人生的目标。

一位教育学家曾指出，人只要还在成长着，就必须从一个目标走向下一个目标，没有明确的目标，他的学习和成长便会停滞。可见，帮孩子制定学习目标是非常有必要的。那么，家长该如何帮助孩子制定合理可行的学习目标呢？

1.明确孩子的学习现状

充分了解孩子的学习现状，是制定学习目标的前提。因此，首先，家长要协助孩子进行分析，纵向了解自己的优缺点，比如记忆特点、学习态度、学科能力等。

然后，再和孩子进行横向班级排名分析，了解孩子各科的发展潜力。通过这样纵横两个维度的分析后，孩子基本就能明确自己的学习现状，知道自己可以在哪些方面取得进步，又应该在哪些方面进一步努力。

2.和孩子一起制定目标

清楚了学习现状后，家长不要急着给孩子提要求、定计划、列目标，要先耐心倾听孩子自己对于学习的想法，了解孩子心目中的努力方向。

了解了孩子的真实想法后，家长就可以和孩子一起制定学习目标了。制定目标时，有两点需要注意：第一，家长要充分考虑孩子的真实基础和能力，尽量从孩子实际水平出发，不要觉得越大的目标越能帮助孩子、越能加快孩子成长。要遵循“洛克定律”，激发孩子的内在潜能，让目标切实可行。第二，目标要具体、明确，能量化、可执行。比如，某个学科进步多少名次、每天要复习几首古诗、每天掌握几个数学公式等，以便于家长和孩子都能对照检查落实情况。

3.分解目标

在指导孩子确立学习目标之后，家长还要教会他们如何进行目标分解。因为如果目标太大、太遥远，孩子往往不容易坚持。正所谓“大梦想，小目标”，一个个具体量化的小目标能让孩子充满希望与自信，更乐于坚持。

我们以学习钢琴为例。假如孩子以前从未接触过钢琴，那我们就可以将“学会弹钢琴”这个大目标进行分解：第一个小目标为练习手指的灵活度；第二个小目标为熟悉按键，知道每个键的发音；第三个小目标为可以弹奏一首节奏简单的小曲。总之，家长要根据孩子的实际基础，设计他稍加努力就能达成的小目标。

目标太大会让孩子感到焦虑，认为自己很难达成目标，并有极大的概率选择中途放弃。因此，在让孩子迎接一项新的事物和挑战的时候，家长首先要协助孩子制定几个非常清晰明确且容易达成的小目标，并且告诉孩子达成这些目标的意义所在。这样，孩子就会有意识地集中能量去挑战目标。而且一旦达成，他会觉得这个意义是很重大的。

这个过程就像是在游戏中打怪升级，孩子也不容易产生长期作战的疲惫感，反而会增强自信心、获得胜任感，觉得自己完全有能力做得很好。

接下来，我们再给孩子设定下一个阶段的目标，并告知孩子达成这个阶段目标的意义。如此这般，孩子就会在不断的自我超越与成功中，变得越来越有信心、越来越有兴趣。

胖子不是一口吃起来的，马拉松更不是一口气跑完的。聚少成多，那些看似不起眼的日复一日，终会在未来的某一天闪闪发光！

4. 及时鼓励

对于年幼的孩子，家长最好一周能有一次反馈。对孩子完成得较好的目标，家长要及时表扬，让孩子知道，自己的一次次小成功、一点点小进步，家长都看在眼里、记在心里；对于完成得不太理想的目标，家长则要引导孩子思考目标的合理性，以及如何改进。

在家长的这份亲情的关爱中，孩子会感觉自己在成长的道路上并不孤单。这种陪伴，更容易让孩子获得继续前进的勇气、信心和动力，更容易感受到学习的快乐和喜悦。

5. 帮助孩子落实目标

帮孩子制定好学习目标后，有些家长就认为自己的任务已经完成了，落实目标是孩子自己的事情。这种想法是非常不利于孩子目标的达成的。定期检查孩子的目标进度，会让孩子从家长的反馈中得到持续的动力。

如果发现孩子思想上、行动上有些懈怠，家长要及时提醒，鼓励孩子坚持到底，不可半途而废。家长还可以给孩子创造一个展示的舞台，让他展示自己的阶段性成果。这样不仅能培养孩子的自信心，还能鼓励孩子将完成目标内化成一种习惯。

让孩子的天赋在兴趣中得到培养

天赋是一种使人在心灵上感到神清气爽、在才智上感到一柱擎天的巨大力量。人一旦发掘到了其拥有天赋的领域，就会用自己的一生去精益求精、匠心独运。

天才人物的创造发明和开天辟地的神奇力量，主要来源于自身的天赋素质，而没有天赋的天才是不存在的。从柏拉图的哲学、米开朗琪罗的雕塑到牛顿的科学，从巴赫家族七代人的音乐、居里夫人和女儿伊蕾娜的“镭”到老仲马、大仲马、小仲马三代人的文学，直至洛克菲勒家族六代人的财富，他们都将其毕生的心血、精力、才智和青春年华奉献给了自己拥有天赋的领域。

人的天赋虽然不能人为地培养和造就，但可以去挖掘。因此，首先家长要学会欣赏孩子，孩子才会欣赏自己。发现孩子的天赋，可能是一个比较曲折的过程。不管家长是否能真正发现孩子的天赋，至少给了他积极向上的想法，而这将一直影响他的成长。

家长首先要学会观察，找出孩子某方面的天赋。比如，有艺术天赋的孩子，对自己喜爱的艺术形式往往会表现出异乎寻常的热情和良好的素质。在听音乐时，会出现明显的情绪反应，或者做出有节奏的身体动作。记忆好的孩子，则能够表现出敏锐的观察力。

如果孩子没有明显的天赋，家长也不必焦虑，可以寻找孩子的兴趣。兴趣也可以说是一种爱好，但比爱好的范围更广。有兴趣的东西最后不一定能成为爱好，但爱好的东西肯定是先有兴趣的。当孩子对某个领域感兴趣时，他会念念不忘，当孩子对该领域有激情时，甚至可以为它废寝忘食。这时，孩子已经不是为了成功而学习，而是为了享受激情而学习。毫无疑问，孩子将在这样的享受中获得快乐。

因此，家长应该提早发现并发展孩子的兴趣，一旦爱好确定了，问题就解决一半了。

1.提早发现并发展兴趣

有一个家长在家长群里发了一些感想："有段时间因为疫情，孩子不能来学校上课，我就让她玩了几次平板电脑。结果，这孩子就有点儿上瘾了。"其实，这个小女孩学习成绩挺好的，也挺乖的，可自从玩了平板电脑之后，就连睡觉、吃饭的时候，都想着里面的游戏。这是为什么呢？因为她对这个游戏感兴趣，一旦成瘾，她心里想的全是这件事情。

这种经历，很多人都有。比如，一个人特别想做一件事，如果他做不了，就会一直坐立不安。如果让他坐立不安、心心念念的是一件正向的事情，并且能把它培养成他一辈子坚固的、稳定的志向，再选择一个与之匹配的工作，他能不成功吗？

生活中，有人喜欢饮酒，有人喜欢喝茶。我讲了一天的课后，如果特别疲劳，就会到小茶室泡一杯茶。喝完茶后，我所有的疲劳就都被消除了。有的人能从他的爱好中不断获取养料，获取成长动力，一天、两天不明显，一年、两年就有差距了，更别说十年、二十年了。

如果一个人透支心力和意志去做并不喜欢的事情，忍耐久了，他的生命就会变得苦涩无力。因为他做的每一件事情，都是他不愿意做的，他选择的行业领域、他所从事的专业一直都是在消耗他。

所以对孩子来说，兴趣是学习最好的老师，也是他人生道路上最大的动力。孩子的兴趣是多种多样的，任何一种兴趣都不应该被扼杀，因为它们都对孩子的成长有益。拓展孩子的兴趣，是大人们应尽的责任，绝不应该反其道而行之。

2. 如何将兴趣保持到底

有人问，怎么才能让孩子将兴趣一直保持下去呢？

当发现孩子对某件事很感兴趣时，家长就要循循善诱，使孩子的爱好相对稳定，步步深入，在众多爱好中形成一个中心爱好。当孩子在前进的道路上遇到困难和挫折时，要鼓励他们战胜困难，坚持到底，不要轻易放弃。

我举个例子大家就知道了。为什么孩子想玩游戏？因为游戏在不断地刺激他的大脑，大脑中有一个结构是杏仁核，这个结构会分泌多巴胺。他每过一关，游戏都会给他金币，给他装备，让他升级，吸引他继续玩下去。家长也可以采用这样的做法，在孩子完成一个目标后给孩子适当的奖励。

如何用"奖励"保持学习动力

很多人在处理棘手的事情时，都会给自己鼓励："等搞定了这件事，我一定要大吃一顿。"连日来的繁重工作，使得身心疲惫，在搞定事情之后，要好好犒劳自己。人是很喜欢得到奖励的。

大人尚且如此，更不用说小孩。

我们学校低年级都会设置"奖励卡"，是一张张小小的卡片。孩子们平时上课、写作业、参加活动，表现积极都有获得奖励卡的机会。在每学期期末，每个孩子都可以用自己积攒了一个学期的奖励卡兑换礼物。很多孩子不仅会换取自己喜欢的东西，也会给爸爸妈妈挑选礼物带回家。奖励卡对孩子们来说不仅仅是一种奖励，更是一种激励。

那么，家长该如何正确运用奖励呢？

1. 区分奖励还是贿赂

有时，家长会发现，自己给孩子买了很多奖品，前几次感觉还有激励效果，长期来看，孩子的行为并没有很大的改变，甚至发展成了孩子“威胁”自己的一种工具：如果不给他买某某玩具，他就再也不考 90 分以上了。家长为此很苦恼，找到我倾诉，钱也花了，也跟孩子约定了，怎么还变成了这样？

殊不知，这位家长是把“奖励”用成了“贿赂”。奖励用得得当，可以提高孩子完成某件事的兴趣，但如果变成了“贿赂”，就得不偿失。那么，这两者怎么去区分呢？

奖励在于事前约定，达成目标后，及时给予约定的反馈；而贿赂在于事后妥协，为了不造成更加负面的效果而采取的“止损措施”。

比如，我们需要纠正孩子到商场看到什么都想买的想法，如果使用“奖励”，我们就要和孩子约定好，“待会儿到商场，你可以选一个你最喜欢的不超过 100 元的玩具，如果你没有哭闹，我们没有在商场浪费时间，那么下午我们就可以去公园再玩一次”。在这里，“去公园玩”是对孩子理性购物的奖励。

而如果我们没有在事前约定，而是等到孩子已经躺在商场的地上打滚要买玩具时，为了摆脱窘境，我们不得已和孩子说“别哭了，快起来，起来带你去公园玩”。这时，“去公园玩”就成了贿赂了。

“贿赂”是绝望的家长们所采取的不得已的妥协办法，但并不是上策，反而会强化孩子的负面行为，而“奖励”是强化孩子的正向行为，家长要在这里做一个区分。思维方式不同，尽管花的钱和时间相当，结果却是完全不同的。

2. 找到事情的关联性进行奖励

奖励要与孩子的行为有内在的关联性，让孩子自然地产生逻辑关联，所以奖励的选择也是很关键的。奖励可以是物质的，也可以是非物质的。比如家长要孩子养成睡前按时刷牙的习惯，就可以和孩子说：“如果你今晚在九点前及时刷牙上床，我们就有更多的时间讲一个长一点的故事。”这样就将“睡前刷牙”与“节约时间讲故事”两者很有逻辑地结合起来。但有些家长可能会是这样奖励：“如果你睡前刷牙，明天我就给你一块巧克力。”这样的奖励物，与按时刷牙并没有什么关联，没有让孩子产生内在的逻辑联系，不利于孩子良好习惯的养成。

将行为与奖励自然地结合起来，可以让孩子更好地理解家长奖励的初衷，从而更配合，也更利于长久习惯的养成与后期奖励物的撤出。

3. 用语言进行奖励

精神奖励的另一种方式是语言奖励，即夸奖孩子。当然，夸奖孩子也是有原则的。在进行夸奖时，要有具体的描述，并做到有针对性，这样才能让孩子感觉到很真实，感受到家长所奖励的具体行为点。语言越具体真实，孩子越能感觉到你对他的真诚肯定，才能得到相应的效果。

我开始练古琴的时候总是入不了门。因为古琴有很复杂的一套体系，它特别玄妙，又特别质朴。有一次我弹的时候，老师说："小苏（我的老师年龄特别大），你看你这个动作多好啊！"这个动作，就是站桩。这个动作是要直的，要保证气的通畅。就这个动作，我现在都还记着。其实，我练得可能很不好，但我的一个动作好，老师就表扬了我这个具体动作，让我至今都记忆犹新。

这也是我们培养幼儿的时候经常用的一个方法。有的小朋友天生好动，静定的时间不够长。那我们怎么培养呢？老师可以说："哦，今天小朋友都有进步，××做得真好。"这样他即使在动，但是一听到有人夸自己做得真好、有进步，可能马上就坐好了。这比反面的批评、指责效果好得多。

在学校里，老师们会给孩子布置荣誉墙，将集体荣誉或个人荣誉奖状贴在墙上，并展示学生"高光时刻"的照片，这样孩子每天看到正向鼓励的信息，就会朝着这样的方向继续努力。老师也会准备"优点记录本""奖励记录本"，将学生的闪光点记录在本子上，或奖励印章或贴纸，这些都是对孩子的肯定。

需要提醒家长的是，我们给予孩子的奖励，一定是孩子通过努力达到的，而不是轻而易举获得的。孩子对通过努力得到的奖励会更加珍惜，也会激励他把这种努力用到各个方面。有时候，家长的语言、动作、行为也会达到很好的效果。一个肯定的眼神、一个温暖的拥抱、一个赞许的拍肩、一次热烈的鼓掌，这些动作和行为都会提供爱与安全感，给予孩子很大的肯定。这些小小的细节会传递很多爱的能量，往往比单独的语言鼓励更有效、更持久。

家长如果了解了对自家孩子而言什么是具有诱惑力的奖励，那么就可以很好地激发出孩子的动力。相反，如果孩子不向你提出需求，情况就麻烦了。

比如，当你问孩子“这段时间这么努力学习，如果考试考得好的话，你想做什么”时，孩子回答“想睡觉”，这个孩子的干劲就很难被激发出来。

如何把“要我学”变为“我要学”

生活中总有一些孩子学习被动，缺乏主动性，让家长操碎了心，有些家长甚至采用体罚、打骂等“终极手段”也于事无补。教育中出现的这种“高耗低效”的现象，让很多家长郁闷不已。

“皇帝不急太监急，孩子不急家长急”的现象，在很多家庭并不鲜见。教育孩子时，如何让孩子“急”起来，怎样让孩子变“要我学”为“我要学”？这也是很多家长都非常关心的问题。

1. 了解抗拒学习的原因

督促孩子学习，绝不是通过强迫的手段去完成的。如果孩子出现了抗拒学习、厌学的情况，家长首先要做的是帮助孩子找到不喜欢学习的原因。

孩子不喜欢学习的原因有很多，在家长看来的小事在孩子看来很可能是很大的事，比如受老师批评了，或者回答问题时被同学嘲笑了等，都有可能是孩子失去学习兴趣的原因。家长要耐心地倾听孩子，和孩子进行良好沟通，或向班主任了解情况，去明晰孩子抗拒学习的具体原因，针对性地解决问题，如此才能帮助孩子走出抗拒学习的心理困境，迈出“我要学”的第一步。

2.让孩子自主选择

每个人都喜欢有自主决定做事的权利，孩子也不例外。充分给予孩子尊重，让孩子自主选择，可以调动孩子做事的积极性与动力。如果是强加给孩子的任务，孩子一般会起抵触情绪，且有很大概率为了完成任务而敷衍了事，消磨时间。

也有的家长说，放权只会导致局面失控、麻烦加倍等负面情境。的确，我看到过一些家长尝试完全不管孩子的作业，让孩子自行决定，最后却发现孩子根本没有独自规划和完成作业的能力。为了避免这种情况的出现，给孩子选择权，可以先从一小步开始。如果孩子已经厌学，这时还逼着他学习，可能适得其反。我们要用恰当的方式，让孩子自己选择改进方法。

比如，孩子的数学成绩不及格，需要提升一下。如果家长直接说“你的数学都不及格，给你报个班，你好好学，把数学成绩提升上去”，孩子听到这样的话，很大概率会产生抵触情绪。因为这样做没有给孩子选择权，是强加。但如果家长说

“咱们这学期要把数学成绩提升一下，你说有什么好办法呢”，孩子可能说多做题、上课认真听、及时问老师等，这时家长可以引导他：“效率最高的方案是什么呢？”孩子说：“可能是报个班。”“好，我也觉得这很有针对性，你说得很对。”这样的话，虽然也同样是报个班，但是因为是孩子思考后主动的选择，其上辅导班的接纳度会高很多，结果往往也更如人意。

3. 培养主动性和成就感是关键

要让孩子主动学习，一定要让孩子体会到做这件事的乐趣与成就感。学习是输入，使用是输出。在使用知识的过程中产生的成就感，可以促进孩子的学习，从而形成一个个从“博学之”到“笃行之”的学习闭环。因此，家长要创造条件，让孩子学以致用、以用促学，让孩子感受到学习的满足感和成就感。比如我们在数学课本上学到的知识，可以在生活中运用探讨，其他所有学科也都可以“面向生活”。

有一次，我听一个家长说他孩子特别爱背古文，在小学阶段很快乐地背完了初高中的很多文言文。除了学校语文老师的引导之外，还有一个关键性事件，有一次家庭旅游去了湖南的岳阳楼，景点有一项政策是，如果能通篇背完《岳阳楼记》就可以免门票。他的孩子在家复习了很多遍，到了岳阳楼身临其境，背出了《岳阳楼记》，因为孩子年龄比较小，边上的游客看到他能这么流利地背出古文，就自发地给孩子鼓掌。孩子很有成就感，他付出了努力，获得了物质与精神的双重奖励，给自己很大自信心，回家学古文乃至学语文都很有动力，成绩也非常不错。

同时，我们要给孩子制定符合他“最近发展区”的任务内容，不要给孩子定一个遥不可及的目标，让孩子望而却步，干脆“躺平”。比如孩子听写单词总是出很多错，我们不能要求他下次一定全对，而是要比上次少错几个，有进步，然后一次次慢慢减少出错。如果一下要求孩子必须全对，孩子可能觉得自己达不到，从而放弃努力。

有些家长总是觉得学校布置的作业不够多，在孩子完成学校作业后，就开始加题加卷，反而适得其反，消磨了孩子的积极性。孩子会想：他完成了学校作业，就得写妈妈布置的卷子，还不如慢慢写学校的作业，这样就不用写家里的卷子了。可以刻意针对薄弱知识点进行训练，但不能以消磨孩子学习的主动性为前提，否则会得不偿失。

成长型思维，学习动力持续的保障

行为心理学家卡罗尔·德韦克经过多年的研究，把思维模式划分为固定型思维模式和成长型思维模式。

具有固定型思维的人认为，人的特质和能力都是天生的，后天无法改变。这类人往往更为重视外界的评价，害怕失败，通常拒绝接受挑战，尤其担心自己被嘲笑和否定。他们不一定悲观和自卑，但常常把发生的事当作衡量自己能力和价值的标尺。他们应对烦恼时也常先选择躲避，以避免再次被别人评判。

具有成长型思维的人更乐于接受挑战，并且积极提升自己的能力和技能。他们认为任何能力和技能都可以通过后天努力而得到发展。因此，具有成长型思维的人会更加坚韧，他们认为遇到的挑战可以帮助自己学习和成长，挑战越大也意味着成长的空间越大。即使挑战失败了，他们也不会轻易否定自己，而是从失败中总结经验，从而不断改进与提升。

这里给大家举个例子。2022 年上学期，我们对 17 位新转到我们学校的学生进行了分析，其中有 16 位学生在学习和综合素质上有明显进步，而取得这种进步的原因，是新班集体的接纳和认可。我对我们学校的老师们说：“我们不能说我们的学科教学超过了孩子转学前的学校，但我们让孩子感受到了被接纳、被认可，我们重视的是孩子的成长而不是最终考试结果，我们看到了孩子的进步而不是缺点。孩子的进步有目共睹，家长满意度非常高，这就是成长型思维的力量！每个人都可以实现成就，每个人都可以觉醒，你要相信他！”

现实生活中有些人学习无法进步，原因就是他们对自己的评判总是：“我怎么又忘了，我是不是脑子有问题？”总觉得自己的记忆力有问题，学不会很多新知识，考不过重要的考试。这就是一个人太在乎结果，对自己太严厉，太喜欢批评自己了。实际上，你已经记住了一点点，只是有一些还没有记住。卡罗尔·德韦克曾说：“我们应该赞扬别人的过程和努力，而不是只赞扬他们的结果。”所以，我们必须重视过程和奖励过程，因为过程是我们可以控制的，而结果却不在控制之中。

我们还要提高自己的自尊。高自尊意味着你崇拜并认可现在的自己，相信自己的能力和天赋，总的来说，大部分时间你都感到满足。它可以帮助你走出舒适区，并开始应对挑战。低自尊会伤害学习的动力，因为它会质疑你做某事的能力。

做事情不以成败为标准，而是以通过这件事情自己是否得到提升为标准，就是成长型思维。无论什么时候失败了，都要有耐心，鼓起勇气，从错误中吸取教训，在失败后重新振作起来。

当你改变过去对错误的看法，不再简单地把失败归咎于自己的技术和能力不行时，成长型思维就会增强。

研究表明，成长型思维在商场、职场、人际关系、教育等众多领域都发挥着非常重要的作用。

生活中的每一次愠怒、每一次失败，都是修行的进阶之路。对于别人来说，这些东西可能是“毒药”，但是对那些提升自己生命格局与境界的人来说，都是人生进步的“养料”。

“明日复明日，明日何其多。我生待明日，万事成蹉跎。”很多人认为，学习成绩的好坏是与学习时间的长短成正比的。但实际上，有条理的逻辑思维更为重要。孩子做事没条理，不仅学习没头绪，生活也会一团糟。如果家长从孩子小时候起，就注重孩子思维的发展，教他学会合理、自主安排自己的时间，对孩子之后的发展也是十分有益的。

第五章

提升路径：
思维有逻辑，做事有条理

孩子做事没条理，“四个象限”排排序

我们来算一笔账：对于一个已经上学的孩子，一天 24 小时，睡觉 8 小时，上学 9 小时，吃饭 2 小时，剩下基本上也就 5 小时左右了。这 5 小时，还要包含做作业、运动、游戏和上各种兴趣班的时间。孩子如果没有从小就养成合理安排自己时间的习惯，到了高年级，面对越来越多的学习和生活任务，怎么忙得过来？

这里给大家介绍一种时间管理优先矩阵，帮助孩子把烦琐的任务进行排序和安排。时间管理优先矩阵也就是我们常说的“四个象限”法则，就是把事情按其紧急性和重要性分成四类：第一象限的事情紧急且重要，第二象限的事情重要但不紧急，第三象限的事情紧急但不重要，第四象限的事情既不紧急也不重要。

我们在工作中，一般都会区分不同的工作任务，自己按照优先级决定先做哪件事。但小孩子对于时间和事情的重要性是没有什么概念的，因此，在孩子上了小学之后，家长可以和孩

子一起把必须做的事情和孩子想做的事情列出来，按照四象限的方法，教会孩子对这些任务进行排序。

1. 紧急且重要：不要迟疑马上去做

家长可以先帮孩子梳理出一些紧急且重要的事情。这类事情往往是压力和焦虑的主要来源，比如当天的课后作业。家长可以让孩子自己决定完成任务的时间，并且需要做好时间标记：开始时间、完成任务所需要的时间、完成时间。如果孩子没有在约定好的时间内完成，家长需要跟孩子探讨没有完成的原因。

让孩子自己决定完成任务的时间，有助于孩子对自己的能力进行估算，也能帮助家长更好地规划孩子的时间。

2. 重要但不紧急：需要按计划去做

这类事情往往和长期目标相关，不是当天必须完成的事情。比如，学校要求在一周内完成手抄报、锻炼身体、参加钢琴的等级考试等。这时，家长要和孩子制定好时间计划。

有些家长会觉得这些任务并不会直接和考试分数挂钩，所以什么时候完成无所谓。但是，一个人的综合能力能否持续提高，往往就取决于他在重要但不紧急的事情上所花的时间的多少。

比如，如果孩子想看奥运会直播，但是时间上有冲突，那就规划出时间，以后看转播录像；或者集中一段时间专门处理例如拿快递、履行跟同学的约定等一些不紧急但需要处理的事务。

其实成年人也一样，如果在日常工作中只忙于应付手头紧急的事情，不愿意花些时间去学习如何提高技能或处理人际关系，那么，在工作上就难免遇到阻碍，难以取得更大突破。

3.紧急但不重要：授权或委婉拒绝

这类任务属于紧急事务，但并不一定要亲力亲为，可以委托合适的人去完成或委婉拒绝，避免占用更多时间和精力。

一些固定的思维可以打破，不一定所有的事情都需要自己做，精力也是一种宝贵的资源。比如家人回家没有带钥匙，需要妈妈或孩子将手中的钥匙送过去，那么，叫一个“闪送”也不失为一个选择。既节约了精力，也不会影响到正在做事的节奏。

4.既不紧急也不重要：不做或尽量少做

这个象限的事情基本都是生活中的琐碎杂事，像玩游戏、看综艺节目、追剧等，用一些碎片时间来应对就可以。

此外，家长可以让孩子学会利用碎片化的时间，做一些更有价值的事情。比如，可以带孩子去孤儿院陪那里的孩子玩，孩子会在其中有所体会，从而更加珍惜和感恩所拥有的生活；

还可以带孩子去敬老院陪老人，让孩子在尊老敬老活动中学会奉献和关爱他人；假期里可以带着孩子外出旅游参观一些名胜古迹，领略祖国的大好河山；平日利用碎片化时间陪孩子下棋，玩一些益智游戏，培养孩子的意志力和自控力；日常的亲子共读也可以利用碎片的时间，让孩子领悟不一样的人生道理。

我们每个人都在和时间赛跑，对于孩子来说更是！家长一定要帮助孩子合理地利用时间，学会掌控时间，而不是在手忙脚乱中被时间掌控。

因此，要学会用“四象限法则”管理时间，让手忙脚乱远离我们，更加远离孩子！

用四招帮孩子摆脱拖延症

一个二年级孩子的妈妈曾向我询问:“我家孩子做作业速度特别慢，我拿一页口算给他写，他能磨蹭好几个小时，我在门外看他，不是在玩橡皮，就是在摸东摸西，要不就是对着作业发呆，我都怀疑他是不是智商有问题。”我转身问孩子:“你是不会写，还是不想写呢？”这位母亲马上说:“他会写，就是不写。我看着他写，他也能写，自己写就是不写。”我笑着说:“我想听听孩子怎么想的。”这位母亲说:“你不用问他，他怎么想的我都知道。”我看着孩子无助的表情，心里大概有了答案。我继续温和地问孩子:“你是会写的，对不对？”孩子点点头。妈妈马上加快语速:“你会写为什么不写？”

在这个交流的过程中，孩子的父亲也是在场的，但是他没有说一句话，从头到尾只是默默地听着。可以看出，这位母亲的性格非常急躁，可以说，孩子拖延习惯的养成，与这样的“直升机式”悬停监管的家长，有着密切关系。

这种慢，其实是一种无声的反抗。心理学中把这种反抗称为被动攻击。一开始，孩子只是有点慢，随着家长急切地催促，他们会变得越来越慢。看到这情景，家长往往更加生气，于是更严厉地斥责孩子。结果，事情就进入了一种恶性循环。

下面是一些针对孩子学习拖延问题给出的解决策略和方法，希望家长能够以此帮助孩子战胜惰性、告别拖延。

1.教孩子理解并认识时间

时间有一个特点，就是看不见、摸不着。尤其对于小孩子来说，时间是非常抽象的。想要培养孩子的时间观念，家长就要教孩子认识钟表，使用形象化的计时工具，比如闹钟、沙漏等，让孩子能真切感知时间。

比如，家长要求孩子在 15 分钟内起床，孩子是没有概念的。但是如果家长给孩子一个沙漏，告诉他需要在沙子从上面全部流到下面前起床并穿好衣服，他就能理解了。

家长还可以用具体事件标示时间，在和孩子沟通时告知具体时间，提前约定。如果孩子每天要看动画片，家长可以指着墙上的钟告诉他："当短针到了 8、长针到了 12 的时候，你就可以告诉妈妈给你开电视机。"这样，孩子就能学会把握时间，从而慢慢调整自己的节奏。

约定好时间后，执行就很重要了。遵守承诺是孩子愿意做的事情，当家长定好闹钟后可以提醒孩子："还有 10 分钟哦。"

这样时间一到，闹钟一响，孩子就会配合，而不会出现拖拉、磨蹭的现象。

2. 制定时间任务表

拖延往往与目标不清晰有关，时间任务表可以帮助孩子清楚目标，合理规划时间，减少精力浪费，提高学习效果。生活中很多家长都会协助孩子制订时间计划表，希望以此来解决学习拖延的问题。

但是一段时间后，家长们通常会发现，孩子的计划表虽然做了却难以执行。主要原因是孩子的计划表做得太大，而内容却不够具体。因此，计划表最好能够分成小步骤来写，规划好每个小步骤所需的时间，完成一条划掉一条。

让孩子制订学习计划表，能够让他明白时间的重要性并进行有效管理，计划好的事情要按时完成，否则就会影响后面计划的完成。通过这种方式来有效培养孩子的时间观念。

3. 以鼓励代替唠叨

有些家长看到孩子做事慢，会一直催促，加大音量吼孩子甚至升级到肢体摩擦，打骂孩子。可是，这样情绪化的简单粗暴行为并不会起到真正的效果。很多孩子在当时迫于压力去做了，但是本身的习惯并没有改变，反而加重了孩子的抵触情绪。

我更倾向于用鼓励的方式让孩子做出改变，比如我们看到孩子一点点的进步，就可以用赞许的语气说出来，让孩子得到肯定，进入正向循环。比如“这次换鞋，爸爸看见你比上次快了 15 秒呢！”“这次你是怎么做到这么细心又这么快速的呢？”“哇！我们这么快，闪电也比不上我们。”通过鼓励，孩子会更加有动力。

樊登的儿子在 3 岁时参加同学的生日聚会，路上和樊登说：“爸爸，我们快点，我们不要迟到。”樊登听到儿子这样的表述，觉得这是一个教育的机会，他蹲下来，看着孩子的眼睛，和孩子说：“儿子，你知道吗？你身上有一个品质爸爸特别欣赏。你知道是什么素质吗？”儿子说：“我不知道，爸爸，是什么？”樊登说：“就是不迟到的品质，这个品质特别重要，代表着对别人的尊重，大家非常喜欢尊重别人的人。”然后父子二人高高兴兴地去参加了同学的生日会。自此之后，孩子再也没有迟到过。这样重要的鼓励，只有一次，却帮助孩子养成了一辈子的好习惯。

4. 让孩子为拖延付出一定的代价

如果我们总是帮助孩子“补漏”，他就不能体会到拖延导致事情失败后的情绪，也不会承担后果。在保证安全、后果不是太严重的前提下，我们可以采取“自然后果法”，让孩子自己承担“拖延”导致的失败，这样会让孩子印象深刻，比家长苦口婆心地说教更有效。

比如，孩子因为出门磨蹭上学迟到，我们就可以让他体会到迟到的后果。如果孩子拖拖拉拉不写作业，那么就让他体会到没有完成任务的后果。

让孩子养成“日事日清”的习惯

一家世界五百强企业提出了“日事日毕、日清日高”的口号，要求企业员工必须完成当天工作，每天要清理工作并有所提高。只有企业日常工作的每一件事都达到有序和受控状态，企业管理水平和综合素质，以及员工个人素质才能持续提高。

企业尚且如此，更何况是孩子的学习呢？可是，我们经常看到孩子喊着“哎呀，今天先不写了，明天再写也来得及”“今天晚上做不完的功课明天早上再做”。这就是一个很不好的学习习惯，做事如此拖拖拉拉，今天的事情总是拖到明天去做，甚至拖到后天，最终将会一事无成。

下面例子中的小峰就是因为没有养成“今日事，今日毕”的学习习惯，做作业时精神无法集中，一边写作业一边想着玩的事，而玩的时候又牵挂着作业，结果不仅功课没有做好，还影响了休息和娱乐。所以，家长必须注意从小培养孩子良好的学习习惯。

放学后小峰一回家，就接到了好朋友阳阳的电话，并约好如果写完作业，他们就一起出去玩。小峰很高兴，打开书包拿出作业准备写。这时候爸妈还没有回家，他想起冰箱里有妈妈买的大芒果，就打开冰箱，切了芒果吃。过了一会儿，他打开手机，忍不住点开了网页，津津有味地看起来，不知不觉中时间就过去了……

到了晚上，爸爸妈妈下班，小峰才坐到书桌前，写起了作业，可是在写作业时，他一会儿抠抠鼻子，一会儿玩玩橡皮，爸妈在聊天，他也竖起耳朵听……一直到爸妈来喊小峰吃饭，他也没有动几个字。

刚吃过晚饭，阳阳按照约定来找小峰出去玩，小峰很为难，他没有写完作业，但也不想失约，不知道怎么办才好。

1. 制定作息时间表

规律的作息、清晰的安排会让孩子更加清晰自己的生活安排。家长可以和孩子一起制定一个作息时间表，最好具体到细节。比如，几点起床、洗漱需要多长时间、吃饭需要多长时间、放学后做作业和看电视多长时间、几点上床休息等。

对每件事都要在时间上进行把控，这样会对孩子起到约束和监管的作用。对时间管理得越严越细，孩子的效率越高。

2.给孩子自主权和空间

孩子的成长需要自我探索的空间，家长要适当地退出孩子的领地，鼓励孩子独立做事、自主判断、自主选择、自主决定，把属于他的事情交托给他自己。而在孩子真的需要意见和提醒时家长再出现，此时的意见和提醒才会得到孩子更多的尊重。

任何人都讨厌被催促，家长的催促常常引起孩子的反感，引发亲子冲突。所以，尽量把孩子的事情交给他自己来管理。比如，建议孩子用闹钟或定时器进行自我提醒，以取代家长的监管和催促，效果会更好。

3.养成良好的写作业习惯

好的写作业习惯不是一夕之间就能养成的，特别是低年级的孩子，更需要家长的陪伴与训练。孩子是幼苗，家长是支架，在孩子小的时候，帮助孩子养成好的写作业习惯，养成之后，“支架”便可退出。

养成“今日事，今日毕”的好习惯，需要做到以下几个方面：事前，了解所有的作业内容，做出计划安排。最好温习一下课上知识点，把前一天的作业错题订正完毕，再写今天的作业，这样效率会更高。事中，记录时间，保持专注，一项作业完成再做另一项，把不会的题圈起来，最后统一解决。事后，检查作业是否每项都完成，把不会的题目弄懂，不允许搜题直接抄答案。

4.恰当处理零碎时间

我们在认真工作、学习的时候，需要整块的时间和更强的意志力。利用碎片时间进行深度学习，是很难实现的，甚至会消耗我们的意志力。但是，充分利用碎片化时间进行零散事件的处理，有利于我们扫清在整块时间中的障碍，从而更加专注高效。

碎片化时间，也可以用来学习零散的知识，比如记几个单词，复习今天学的古诗等。“聚沙成塔”“积少成多”就是这个道理。充分利用碎片化时间，厚积薄发、日积月累的结果是很可观的。

简单易行的“番茄工作法”

朋友家的孩子上初中了，各科的老师都很“敬业”，而且都无一例外地希望自己的学生考出好成绩。

语文老师说：不用多，每天拿出半个小时背诵古文，怎么能背不过呢?

数学老师说：各位同学！每天晚上拿出20分钟做点儿题，我就不信你们学不好！

英语老师说：我的要求不高，只用一个小时背背单词、词组，准能记牢。

政治老师说：每天抽出半个小时，看看新闻、读读报纸，时事热点就都搞定了。

孩子简单统计了一下，如果每个老师的要求都做到，晚上得12点以后才能睡觉了。

那孩子的时间究竟该怎么安排呢？在这里，我向家长推荐“番茄工作法”，来帮助孩子更好地管理时间。

1. 关于“番茄工作法”

20 世纪 80 年代末，弗朗西斯科·西里洛从厨房长得像番茄的计时器中得到灵感，发明了番茄工作法。首先我们选择一个待完成的事项，将计时器设为 25 分钟，专注于我们当下要解决的事，中途不允许做其他事，直到计时结束。

计时结束后，我们可以休息几分钟，其间不允许做要完成的任务，然后再开始下一个 25 分钟的“番茄时间”。每 4 个番茄时间之后，可以多休息一会儿，比如 15 分钟，重点是不能给大脑增加任何负担。

番茄工作法是一种高效的时间管理方法，相比其他时间管理方法，更关注对完成任务的过程进行管理，而非把目标直接放在任务的结果上。这种方法能给予孩子积极的目标感。

在开始使用“番茄工作法”之前，我们需要做一些准备工作：准备一个计时器，制定将要完成的作业清单。

2. 五步完成番茄工作法

第一步，将要完成的所有作业项目写在一张作业清单的表格里。

第二步，用计时器设置 25 分钟的提醒，如果孩子年龄较小，自制力不够强，不建议孩子使用手机计时，可能会影响孩子的专注力。

第三步，在规定时间内专注于自己要完成的作业，如果在番茄时间内写完，可以再回头检查，完成后在表格里打上√。

第四步，短暂休息 5 分钟，提醒孩子彻底放松，不做与任务相关的事情，放松眼睛、喝喝水是非常有必要的。

第五步，进行下一个 25 分钟。循环往复。

一般小学生的作业在 4 个番茄时间内都能完成，如果不能完成就要和孩子对作业量、难度及学习方法进行评估分析，针对存在的具体问题寻求解决方法。

3.运用时需要注意三点

第一，在“番茄时钟”内，孩子只能专注于任务本身，不允许做其他事情。如果在任务过程中想起了其他要做的事情，可以将它写在任务清单的下面，视事件难度与预计完成的时间安排在休息时间完成或安排另一个“番茄时间”。如在写第一项作业的时候，孩子想起还有一项家长签字的任务，那么不必立刻去找家长签字，而是写在清单上，在休息时间去找家长就可以。

第二，因为每个孩子年龄阶段不同，具体到每个孩子又有个体差异，所以在实施番茄工作法的过程中，我们可以根据孩子的具体情况对“番茄时间”进行增减，不必严格是 25 分钟。

第三，在休息时间，一定要让孩子的身体得到充分的休息。很多孩子急于完成所有作业，在短暂的休息时间内也学习，这既不利于孩子的视力保护，也不利于任务完成的质量。张弛有度是很有必要的。在这个时间内，看看风景，听首音乐，喝一杯茶，逗逗宠物，和家人聊聊天，都能让孩子得到充分的休息。

帮孩子尝到自我实现的“甜头”

根据心理学家马斯洛提出的需求层次理论，其中最高一层需求是“自我实现”。

一些指导如何提升自身学习力的书籍，比如《自驱型成长》《学习的品格》中，也都提出了一种研究理论：人们会在自己更有把握、更能做好的事情上有动力，有强大的内心需求。

所以，家长可以引导孩子自己规划自己的事情。比如，如何自己制订学习计划、如何合理进行时间分配、如何使用自己的零花钱、如何度过一个周末等。小到每天的作业完成，大到一个学期的学习结束、一个假期的生活规划等。

当孩子们体会到了自我掌控感，体会到自己做好一件事的愉悦，就会越来越自信，随着自我价值的实现，孩子会走向自律和进步的正向循环。

我曾去一位朋友家做客，朋友知道我除了教学外还擅长对学生进行心理分析和学业规划，就让我去看看她家孩子。

我到了孩子房间，发现房间很整齐，又翻了几本孩子书架上的书和作业，字迹认真且分类到位。我就问孩子母亲："孩子是班干部吧？学习成绩估计应该是全班前五名。"根据多年面试孩子的经验，我的判断一般误差很小，孩子母亲很吃惊，说："苏校长！您不愧是校长，您怎么知道？"

我说："孩子三年级就这样，学习上一般不用父母操什么心了，多运动、多发展业余爱好就好。但我有个问题，你是怎么培养的，我看你大大咧咧的，也不像很细心的妈妈啊！"

孩子母亲说："我知道我不够细心，从幼儿园我就引导他做家务活，自己的物品自己整理。每次做完我都奖励一下，有时候和他一起收拾。我发现，他很享受这个过程（这个母亲把握住了孩子幼儿园的秩序敏感期），逐渐自己画画，自己跟着视频学唱歌，我就适当鼓励。他想买哪种益智玩具，我都给他买并让他自己研究，然后他逐渐自己能做很多事情，并常常沉浸在自己的游戏中自得其乐……"

成功的子女教育方式有很多共同点，其中很重要的一点就是让孩子自己动手，自己完成，自己掌控，自己探索提升，这也是学习力的源泉、内驱力的核心培养方法：成为自己！成就自己！

学校一位老师过年后问我，她的孩子是否可以走书法专业，我问她为何想培养孩子书法专业。她说孩子原来也不是多爱书法，但也毕竟练了几年，春节时就让孩子自己写春联贴到了门口。村里有位老师也练书法，到她家拜年就夸了孩子书法写得好，还把此事在村里闲聊宣传，很多人拜年时找话说就顺便夸了孩子书法好。

虽然大家可能只是客气客气，孩子却受到了前所未有的鼓舞，开始天天练，主动学，回到学校书法老师都吃惊于孩子的进步。孩子被认可，开始实现自我价值，内驱力被调动才是自己人生的开始，这样类似的案例，我亲自指导或见证过太多。

成功的愉悦会给孩子带来力量感和信心，当孩子在成长的过程中能够拥有越来越多掌控感及愉悦感时，其内心就会特别丰盈，就有着充足的力量去应对可能遭遇到的失败，也敢于接受挑战。

孩子通过做事掌握更多自主经验，有过多次勇敢尝试并成功的经历，自然就会想要去主动尝试更多事情，人生也将步入正向循环。

《劝学》中说："蚓无爪牙之利，筋骨之强，上食埃土，下饮黄泉，用心一也。蟹六跪而二螯，非蛇鳝之穴无可寄托者，用心躁也。"专注是一种定力。当你的专注之心达到一定程度时，你就会发现，自己不会再轻易被外物干扰，令人吃惊的学习能力自此产生。

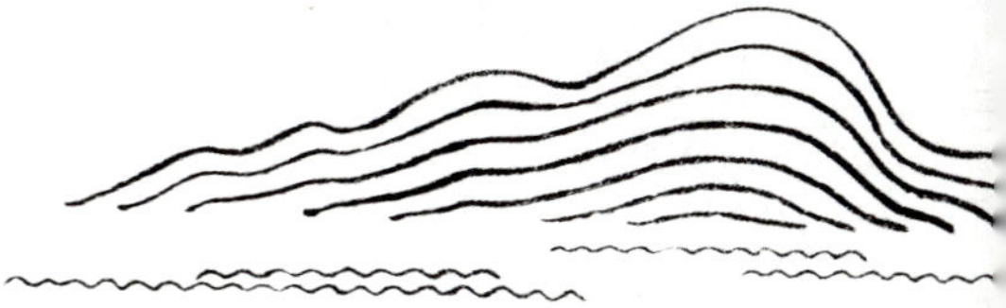

第六章

解锁捷径：帮助孩子学会仔细和专注

分心不是孩子的错

分心是指一个人不能稳定而持久地把注意力集中于当时所应注意的事物上的一种心理状态。它是与专心相对立的概念，在心理层面是指有关的心理活动松弛、动摇，因而难以有效地进行学习和工作。

我们学校一年级有个叫西西的小朋友。每天放学后，西西的妈妈都会给他辅导家庭作业。但在辅导过程中，妈妈不但常常打断西西的思考，还常常指导西西这道题应该这样写才对，那道题应该那样写更好，中途不是给西西热杯牛奶，就是剥个橘子。原本西西自己半小时就能做完的作业，每天都要延迟到一个半小时才能写完。

于是，西西在学校写作业时，不是挠头就是玩笔，经常分神。西西妈妈这才意识到是自己常常打断孩子独立的思考，导致西西很难自己专注地写作业。

注意力无法集中的孩子，常常还会伴随一些其他行为和情绪。比如，写作业或做事情拖拉；不会整理东西，书包、书桌和房间经常乱七八糟的；容易冲动，情绪像六月的天气说变就变；无法忍受压力，缺乏组织能力；等等。

有的家长会自我吹捧："我像你这么大的时候，半个小时内就把老师的作业完成了，简直就是小菜一碟……"但是，家长口中的那个"过去的自己"基本上都是经过美化后的形象。事实上，小时候的他应该和现在的孩子相差无几。

研究发现，2~3 岁的孩子，保持专注时间为 10 分钟左右；5~7 岁的孩子，保持专注时间为 15 分钟左右；7~10 岁的孩子，保持专注时间为 20 分钟左右；10~12 岁的孩子，保持专注时间为 25 分钟左右；13 岁及以上的孩子，保持专注时间为 30 分钟以上。除了注意力集中时间比较短，孩子的自我控制能力也较弱，表现为周边只要稍有一点动静，就容易分心。

老师上课的时候说请同学们认真听讲，同学们就都能够认真听讲吗？我在教学中发现有一类孩子，需要老师时刻盯着他，他才认真学。老师稍微不留神，他就开始玩了。还有的孩子需要非常严厉的老师才能管住。老师讲课转个身写板书的时间，他就在底下玩，甚至老师稍微不注意，他就敢偷吃零食。

导致孩子分心的原因主要有三种：遗传因素、家庭生活环境、电子产品的妨害。

调查显示，大约有 40% 容易分心的孩子，其家长、兄弟姐妹也有分心的症状。这表明分心现象与遗传因素密切相关。

生活环境中的某些有毒物质也会导致注意缺陷的产生，比如锰、铅含量过高。低辐射的电磁场也是导致注意障碍的因素之一。科学研究显示，孩子过早使用手机、使用手机时间过长，可能会产生手机依赖，会对身心带来多方面的损害。英国《微波理论与技术》期刊研究显示，儿童颅骨厚度显著低于成人，对辐射的吸收率明显高于成人。法国克莱蒙费朗大学一项测试表明，儿童使用手机时，大脑对手机电磁波的吸收量要比成人多 60%。

小学中低年级的孩子表现以“无意注意”为主，容易受到外界的影响和干扰。如果在孩子学习期间，家长之间发生争执吵闹，孩子的注意力马上就会转移到房间外，孩子甚至会担心因为争执家庭毁掉等。我有个学生，小时候的学习成绩一直不好，但并不是因为他自身学习能力差，而是他的父母关系不好，家里每天充斥着吵架的声音，时间久了，即便在课堂上他也很难集中注意力。所以家庭关系不和睦，对孩子的当下和未来都会产生很大的影响。

英国心理学家近几年收集的观察数据表明，3 岁以前的幼儿无论看何种内容的电视节目，都会对其日后健康造成严重影响。美国精神病专科医院研究结论是儿童长时间暴露在电视机前，会妨碍神经系统的正常发育，导致注意力的涣散。电视里快速闪过的画面，让孩子没有思考时间。经常看电视的孩子，他们以后会遭遇专注力难以集中。

当前，电视已经成了家庭不可或缺的一个工具，是了解信息和放松精神的渠道。家长要做到禁止孩子看电视几乎是不可能完成的任务，但是家长可以做到以下几点，以减少电视对孩子的不良影响：

第一，2 岁以下的孩子最好不要接触电视。

第二，对于 2 岁以上的孩子，要限制其看电视的时间，并且要谨慎地选择电视节目内容。

第三，在没人看电视的时候及时把电视关掉。

认真听讲、专注投入是一种能力，而这种能力需要训练。其实，很多孩子到高年级还是会分心，无法集中精力学习。但即便如此，只要掌握了逻辑性学习法，不管是什么样的孩子，都能很好地成长，在考试中取得理想的成绩。

“不打扰”就是最好的培养

意大利著名教育家蒙台梭利说：除非你被孩子邀请，否则永远不要去打扰孩子，为孩子打造一个以他们为中心，让他们可以独立做自己的“儿童世界”。

有一天我去公园散步，看到一个小男孩正在喷泉边蹲着，静静地看着水里的鱼。他的妈妈在旁边一直催促他离开。

“妈妈你看，这小鱼怎么比小蝌蚪还小呢？”妈妈回应：“别管那么多，快走了。”小男孩并没有动，还是目不转睛地盯着水面。“妈妈，小鱼也会吃花瓣呢！”“走吧，别在这里待着了，鱼有什么好看的。”妈妈不由分说，拉起小男孩的手，带着他离开了。

在这几分钟的时间内，妈妈并没有足够的耐心和留给孩子观察的时间。当孩子沉浸在自己的世界里，大人更应该做一个“观察者”和“保护者”，而不是“破坏者”。这种时刻，“无为”比“有为”更有智慧。

1.别“打扰”专注的孩子

大人基本上都有自己的时间规划，比如什么时间做什么事情，因而培养孩子有时间观念、做事有效率也是很有必要的。但我们要知道，孩子的这些能力需要逐步培养，不能一蹴而就。特别是在孩子 3 岁之前，他需要沉浸在自己的世界中，去体验“专注”，产生“心流”，这对他日后专注力的形成有非常大的影响。

孩子沉浸在做某件事的乐趣中，如果没有特别紧急的事情，家长只需保持观察，确保他安全即可，不要轻易打断他的探索。很多人人担心如果自己不提醒孩子，孩子就有可能会犯错。其实，孩子试错也是一种成长，他需要在探索中形成思维的闭环，形成专注力。

朋友家的孩子小柿子 2 岁多一点，他非常喜欢拼积木，但在拼积木的过程中，他的爷爷奶奶总是

围在他的身边嘘寒问暖。比如小柿子刚玩5分钟，奶奶就问：“宝宝，你想不想喝牛奶呀？”孩子回答：“不喝。”过一会儿，爷爷又来了，问：“坐在地上凉不凉啊？要不要到爷爷这里来玩？”孩子看了爷爷一眼，摇摇头。爷爷说：“宝宝，爷爷这里有糖噢，你来爷爷这里玩吧。”孩子一听有糖果，马上放下手中的积木，去找爷爷了。

特别是当孩子上了小学之后，一到周末，这样的情况可能更普遍。我们会发现，很多大人围着孩子转，孩子一直受着高度的关注，而很多时候，这种关注度并不是孩子所需要的，甚至会变成反作用力。

2.专注力是培养和陪伴出来的

从小在自由和不受打扰环境下长大的小孩，他的专注力是自然而然形成的。在孩子专注于自己的小世界时，家长应该做观察者、陪伴者和守护者。

家长要摒弃完美主义的思想，孩子有自己成长的节律，他不是生来完美的。不要时时刻刻指导孩子怎么玩、怎么做。家长需要做的是关注并排除孩子身边可能出现的危险，在他遇到困难求助时给予帮助和支持，当他需要肯定时耐心地欣赏。

特别是在孩子小的时候，只要不发生危险，我们应鼓励他积极探索未知事物。没人规定某种玩具一定要怎样玩才叫“正确”。这样，孩子的独立性会得到培养，专注力也能充分发展。

良好睡眠与专注力密不可分

睡眠对人的身体健康至关重要，充足的睡眠能使人精力充沛、充满活力。宋代诗人陆游在《午梦》中写道：“华山处士如容见，不觅仙方觅睡方。”睡方，就是睡觉的方法。

开学以来，我发现一个在上学期经常和老师进行课堂互动的小女孩变了，她上课时的眼神是涣散的，注意力完全没办法集中。我提醒甚至批评了她，可是效果都不大，怎么会有这样的情况呢？我有点奇怪，于是就找到她的妈妈聊了聊。

原来，小姑娘最近在家里不太听话，晚上不肯睡，早晨不肯起。每天晚上 10 点多、11 点多才关灯，等到睡着要更迟一点。这样算下来，她每天的睡眠时间只有七八个小时，这对于孩子来说是完全不够的，不足以支撑孩子的精神。长期睡眠不足会影响脑细胞的发育，使脑细胞得不到充分的休息，造成孩子记忆力下降，对问题的反应能力降低，甚至精神不振。

调查研究显示，如果人在一天中睡眠时间比正常睡眠少 4 小时，反应能力就会下降 45%。而反应能力直接影响着注意力的集中程度。良好的睡眠有助于集中注意力。

我们通过外在能够看到的就是身体，体现的就是精气神。举例来说，如果昨天你的休息时间充足、休息质量也高，那么你做一件事情时就会精力充沛。

学龄前儿童每天的睡眠时间应为 11~12 小时，义务教育阶段的孩子每天应为 9~10 小时。数据表明，中国儿童的睡眠时长不够，在 6~17 岁的青少年儿童中，超 60% 的孩子睡眠时间小于 8 小时。课业压力为影响孩子睡眠的第一因素，占比近 70%；近 30% 的孩子因为睡前接触电子产品失眠；噪声、光等睡眠环境因素与家长的睡眠习惯也会对孩子造成影响。

我辅导过一些高中的学生。连续的熬夜苦读并没有提升他们的成绩，反而让他们更加焦虑。而焦虑会让大脑前额皮质这个“领航员”罢工，睡眠不足就是一个重要因素。所以，我会用很多理论疏导孩子的焦虑，建议孩子保证良好的心态和休息，再给出一些有利于睡眠的方法。不出意外，这几位孩子一周后学习状态就有了提升。孩子身体状态不好，运动也是个好方法，因为身体是大脑高强度运行的保障。如果没油了，再好的跑车也无法发挥速度与性能。

家长应该如何保证孩子的睡眠质量呢?

第一，帮孩子从小养成良好的生物钟，有固定的睡觉时间。此外，周末可以适当延后休息和起床时间，但不宜过度熬夜和赖床，避免破坏孩子的生物钟，影响周一的学习。

第二，安排好晚餐时间。通常来说，用过晚餐后，胃需要3小时来消化食物。如果胃还在消化食物的时候人就上床睡觉了，往往睡眠质量差，还容易失眠多梦。

第三，创造良好的睡眠环境。孩子上床之后，家长最好也保持安静，调小或关掉电视机、收音机等，尽量放低说话的声音，不在客厅大声说笑，因为这些会导致孩子睡眠质量下降或难以入睡。

第四，午睡时间以20~30分钟为宜，这样既能帮助大脑获得放松，又不会进入深度睡眠状态，以保证晚上的良好睡眠。

每个人做任何事都需要体力和精力，而高强度学习需要高度集中的大脑运作，背后是心力的支撑。睡眠过程用中医的描述是“心肾相交”过程，肾水滋养心神，只有良好的睡眠才能让我们心脑得到休息。饮食、运动、快乐都不能替代休息，要想专注地做一件事、上一节课，都必须有良好的睡眠做保证。

劳逸结合是专注力的催化剂

“张而不弛，文武弗能也；弛而不张，文武弗为也。一张一弛，文武之道也。”这句话出自《礼记·杂记下》，意思是宽严结合，才是正确的治国之道。

用在学习上也是一样。要想提升孩子的注意力水平，让孩子学会交替学习、合理用脑是十分必要的。

每个班都有这样的同学，他们总是很努力地学习，效率却不是特别高，结果也并没有那么尽如人意。通过观察他们的学习过程可以看出，这些同学普遍学习时长不短，但都有一个问题，即不会合理利用大脑，经常在一个问题上“死磕”。其实，通过交替学习，能让这类努力的孩子事半功倍。

以内地第一名的好成绩被香港科技大学录取并获得 40 万元全额奖学金的刘泽汀同学，一直都坚持交替学习的方法。他说自己每隔 20 分钟，就会换一门学科继续学习，遇到难题会集中注意力争取在 30 分钟内解决。如果 30 分钟无法解决，他不会继续纠缠，而是在交替学习了一个循环或休息之后，再回来破解那道难题。

正因如此，刘泽汀的学习持续时间很长，各科成绩也非常均衡。交替学习应该注意以下三个方面：

1. 每种科目学习时间不超过半小时

相关调查显示，孩子在不同年龄，专注力的时长是不同的，孩子越小，专注力时间越短。在学校课程设计上，也会设置不同科目交替授课，在授课中也会有活动、练习穿插其中。对于中高年级学生，每种科目学习时间不超过半小时是比较合适的，这样不会使大脑过于疲劳。比如，孩子在学习某科时，如果大脑出现“好无聊”“出去玩会儿”等想法时，应该及时更换科目来学习或稍作休息。

2. 不与难题“纠缠”

俗话讲：“四两拨千斤。”学习上用死劲不如用巧劲。

孩子有持续的钻研精神是好事，但一味陷入与难题、与某学科的较劲中，就收不到最好的学习效果了。因为较劲时间一长，孩子的大脑会非常疲惫，注意力容易分散，学习效率也会随之降低。

我们不妨学习一下刘泽汀同学，他遇到难题时会全神贯注研究 20~30 分钟，如果还做不出来，就放下，将注意力转移至其他学科，或者好好休息一下，听一会儿音乐，或者出去运动一会儿。交替学习一个循环或稍作休息后，再回到一开始的难题上，孩子或许会找到柳暗花明、茅塞顿开的感觉！

不过，家长需要注意的是，交替学习法的目的在于激活孩子的思维，当孩子在难题或某科上正有学习热情的时候，就不要强行运用而打断孩子原本连贯的学习激情和思路。

3. 大脑需要适当休息

勤用脑也需把握一定的度。在学习过程中，用脑要符合大脑的特点和规律，不要使大脑长期处于紧张状态。不然，思维会变得迟钝，学习效率也随之会降低。因此，学习时长一般以一次 1 小时、休息 10 分钟为宜。这样才更有利于保护大脑组织，提高大脑的工作效率。

抓住关键期，训练孩子的注意力

专注力即注意力，心理学概念中指的是大脑对一定对象的指向和集中。通俗地说，人们能够在一定时间内出色完成一件事所具备的认真态度、专注思考、忘我精神、坚持毅力，体现的是专注的能力和坚持的品质。

提到注意力，古今中外有很多相关的论述，如中国传统经典《训学斋规》与《弟子规》中都提到了读书要心、眼、口集中一处的“三到”原则，其实说的就是集中注意力的问题。“心不在此，则眼不看仔细”，你的心要是没有专注，你的意念不是集中在经典里头，那你的眼睛自然就不能看得仔细，往往会看错行，意思都会读错。这样一来，读书也就只是随随便便地诵读罢了，基本上什么也记不住，就算记住了也不能长久。所以，“三到”之中，“心到”最为重要，只要思想集中了，眼睛、嘴巴当然也就各司其职了。

这可谓给读书规定了一个虽严苛却非常有用的准则，读书学习就该专心致志，将全部注意力都集中到眼前的学习上，就算有其他事情，也要等学习结束之后再考虑。

《增广贤文》中这句“两耳不闻窗外事，一心只读圣贤书”更是直接点明应集中注意力一门心思读书做学问。

我们学校有很多从小读经典长大的孩子，小时候就能整章整本地读文言文，在不知不觉中就练就了定功，他们的专注力明显比没有读过经典的孩子要强。而那些从小不爱看书的孩子，到了小学阶段明显上课、写作业都坐不住。

很多孩子的专注力问题，是从小学上课和写作业反馈出来的，但孩子专注力的缺失并不是从小学才开始，而是在养育的过程中被破坏的。所以我们需要了解，孩子的专注力在学前是如何发展的。

事实上，孩子一出生就拥有了注意力，身边亮光或声音会短暂地吸引他们的注意力。在 2~4 个月时，孩子会对熟悉的人脸或声音注意片刻，比如妈妈的脸和声音，但这样的注意持续的时间很短。在 4~12 个月时，孩子的注意力会向外逐步扩展。

虽然孩子刚出生就有了注意力，但这并不意味着注意力不可以培养。通过家长后天的培养，孩子也能逐渐养成好习惯，变得专心致志。5 岁是孩子注意力发展的关键期，孩子的有意注意迅速发展。这时候，家长不要打扰，还可以有意识地训练孩子的专注力，如创造环境，让孩子持续地读一本绘本，或买一些涂色书，让孩子涂涂画画。

6~7 岁是孩子注意力训练的黄金期，同时也是习惯培养的好时机。这时，很多孩子刚刚接触上课学习、握笔写字，也接触到一些基础知识，家长要给孩子创造一个安静整洁的学习环境，孩子的书桌上除了文具和书籍外，不应摆放其他物品，以免分散他的注意力。如果抓住这个时期，对孩子进行专注力培养，帮助孩子养成好的学习习惯，往往会事半功倍，孩子很容易就取得好成绩，也利于其自信心的养成。

人类认识世界的一切信息与智慧，都是通过注意力获得的，注意力是一切认知的基础。那我们还犹豫什么？抓紧时间训练孩子的注意力吧！

六条路径帮孩子提升专注力

现代社会凡事讲求效率，无论工作、学习，还是处理日常事务，我们都倾向采用更便捷、更聪明的方式。然而，不管我们能找到多少提高效率的办法，如果做事过程中缺乏专注力，做事的成效还是会大打折扣。而人的专注力很容易分散，难以集中于一点。当注意力不集中的时候，我们做事情就容易半途而废。情绪变化没能坚持到底，导致学习、体育都很糟糕的状况，比比皆是。

可以说，提高专注力一个最大的好处，就在于能够摆脱上述困境。注意力集中的孩子无论做什么事情都能做到最后，能够专心致志地学习、运动，一点一滴积蓄发挥才能的潜力。不仅如此，在孩子长大成人之后，当他们要在社会上做出一番成就、让别人认可自己的工作时，这种坚持不懈的能力的重要性就会愈加凸显。

我们该如何帮孩子提升专注力呢？

1. 帮孩子营造一个适宜的环境

孩子的专注力有限，我们更应该帮助他们营造一个适宜的学习环境，排除干扰因素。

第一，在孩子学习的时候，不将电子产品放在孩子触手可及的地方，以免孩子受到干扰。

第二，孩子的房间、桌面也需要干净、整洁，不要在书桌上摆放玩具或食物，文具也需简单好用，避免孩子当作玩具。

第三，保持学习场所的安静，避免家人的交谈声、电视声或其他声音影响孩子的专注度，可以给孩子放一些舒缓、无歌词的轻音乐，部分孩子在音乐环境中学习效率更高。

第四，学习场所的温度、光度需要合适，如有空调或电扇，不要直吹孩子，避免感冒。灯光也不要过于明亮或昏暗，角度要合适。

2. 循序渐进进行专注力的培养

将孩子的作业，从规定时间内完成改为定量完成。完成目标量时，家长要给予一定鼓励，比如称赞、抚摸、亲吻等，并让他休息 5~10 分钟。

当孩子定量作业完成得很好时，可逐步延长一次性集中做题的时间。经过这样循序渐进的训练，每天进步一点点，孩子保持专注的时间就会越来越长。

3.遇到问题时鼓励孩子独立思考

专注不只是孩子身体坐在座位上，更应是眼到、手到、心到，能认真观察、积极思考。遇到问题时，如果孩子可以自己去思考，寻找办法来解决，本身就是专注的表现，家长千万不要急于去帮助他。

家长因为不放心而过多干预，一问一喊一插手，自然就会影响到孩子的专注力，减少他的探索欲。家长应该做的是在一边留心观察并记下孩子在做事过程中存在的主要问题，在孩子完成任务之后，适时地一起给他指出来，不要想起一点说一点。

4.刻意训练孩子一次只做一件事

我常听到有些家长说："我的孩子做事效率低，做作业慢，一边写一边玩。"家长要注意培养孩子在一定时间内做好一件事的能力。

家长可以利用番茄工作法，训练孩子在规定时间内只做一件事。养成好习惯，会让孩子专注力得到提升，效率也会更高。家长也要以身作则，不给孩子提供过多的选择。比如玩具一次只给一个，避免出现"看见西瓜就丢芝麻"的现象。

另外，家长还应特别注意的是，不要让孩子养成边吃东西边学习的习惯。

5.通过游戏训练

家长可以多跟孩子一起玩些有助于提高专注力的游戏，并将这样的方式运用到孩子的学习中。只需每天抽出 10 多分钟陪孩子玩，效果就会非常明显。

比如“开火车”游戏，既有趣又能达到训练专注力的效果。现以一家三口参与为例，玩法是三人围坐，每人报出一个站名，通过几句对话语言来开动“火车”。例如，爸爸当北京站，妈妈当天津站，孩子当西安站。爸爸拍手喊：“呜呜，北京的火车要开啦。”大家齐拍手喊：“往哪开？”爸爸拍手喊：“往西安开。”于是，当西安站的孩子要马上接口：“西安的火车就要开啦。”大家又齐拍手喊：“往哪开？”孩子拍手喊：“往天津开。”这样，火车开到谁那里，谁就得马上接口报下一站。“火车”开得越快越好，对话的时候还可以加入一些自己创意性的语言以丰富内容，但不要有间歇。

游戏中，每个参与者口、耳、心并用，注意力高度集中，锻炼了思维快速反应能力。而且，游戏本身轻松愉快，气氛活跃，充分调动了孩子的参与积极性。

6.帮助孩子学会管理情绪

任何一种心理现象都有其复杂的因素，训练孩子专注力，还需要全面调节孩子的心理状态，孩子的心理调节能力强大了，专注力也会随着发展。

感受好行为才能好，当孩子心情愉悦时，他说话和颜悦色，做事勤快利落，能以正向的思维看待遇到的事，内心对生活感到满意。当他烦闷不乐时，他就会觉得周围的东西笼罩在灰暗中，做什么都不开心。所谓“忧者见之而忧，喜者见之而喜”。情绪的好坏决定了我们看待世界的眼光。

注意力强的孩子，可以积极调动“理智脑”来控制情绪，更好地解决问题。但是如果注意力分散、注意力调控能力弱，就会导致孩子被“情绪脑”控制，出现行为冲动、情绪暴躁的现象。

家长在平常生活中要多加留意孩子的情绪变化，适时引导。告诉孩子情绪没有对错之分，教会孩子识别、接纳自己的情绪，同时还要想办法去化解、调整，做情绪的主人，而非被情绪所掌控。可以和孩子进行一些探讨，找到平复情绪的小方法。孩子能把控自己情绪，就能使自己处于积极乐观的状态之中，更加乐于学习，乐于进行专注力训练。

朱熹《训学斋规》："余尝谓，读书有三到，谓心到、眼到、口到。心不在此，则眼不看仔细，心眼既不专一，却只漫浪诵读，决不能记，记亦不能久也。三到之中，心到最急。心既到矣，眼口岂不到乎？"记忆是积极运用多种感官的活动，是一切学习的基础。

第七章

唤醒记忆：
打开大脑宝库的钥匙

理解是记忆的“润滑剂”

学习的目的不是记忆，而是学以致用。然而，要想学以致用，就必须先把学习的内容记住并理解。学习是对知识的掌握，也是对事物的一个理解过程。所以，无论是用哪种方法记住的知识，都要加深理解，切忌浅尝辄止。如此，被理解的知识点才更容易被大脑牢固地记住。

因此，我们首先要了解大脑是如何工作的，这样才能知道如何让它们更有效地工作。

其实，大脑的记忆原理非常简单。当我们学到一个新的知识时，大脑中就会形成一个新的神经链接。一开始，这个神经链接相当脆弱和不稳定，但随着每次对新知识的重复，这一链接就会得到加强。假如把大脑比作一个存储器，“记”就相当于是存储信息，“忆”就相当于是提取信息。我们如果不断地加强大脑的神经链接，就能够达到巩固学习和记忆的效果。

作为家长的你，还记得多少初中或高中的物理概念、化学公式？如果你不是初中或高中的物理、化学老师，你还能不能做出一套初三或高二的物理题、化学题？

对这些知识，你曾经花了那么多的时间去学习，你把知识运用在哪里了呢？举个例子，我在学习化学的时候，老师带我们做了镁的燃烧实验，镁在燃烧时发出的光很亮，这个场景给我留下了特别深的印象。做物理实验时，老师要求我们用一节电池和几根电线同时点亮五个小灯泡。如果是串联的话，电力够不够？如果是并联的话，会出现什么结果？如此学生马上就能记住并联、串联的区别，如果只是死记硬背，遗忘的速度会非常快。

理解能力和知识量有关，一个人背诵的古诗的量越多，完成后续古诗记忆的时间就会越短。人头脑中的知识结构好比一张网，不断地记忆会使这张网越密越大，网大了，能捕捉的鱼就多了。

为了帮助我们进行理解记忆，在记忆的时候可以将抽象信息与现实中相符合的逻辑画面联结，一个抽象的大道理可以被记忆高手用联系技巧转化成一个歇后语或比喻，方便自己理解和记忆。

在日常生活和工作中，经常会发生有许多事物应该被记住却被遗忘了的现象。其原因往往是我们只注意枝节，而忽略了对本质的理解。

如何更好地理解知识呢？

第一步，了解全貌。

要深入理解某个知识点并对其进行记忆，首先要弄清它所在知识体系的概貌，了解其大致内容，这样才能对局部知识有深刻的理解。以古诗文的学习为例，先对作者生平及创作的时代背景有个大概了解，这样就能站在作者的角度去看待诗文，再结合诵读，不知不觉中就进入了作者的内心，理解了诗文所要表达的思想情感。

第二步，深入局部分析。

对事物的全貌有了大致了解后，就要逐步深入局部去分析其结构。比如，对于一篇议论文，要弄清楚文章的论点、论据，根据内容提炼出每段文字的核心思想，并找出关键句，如此，就能更加精准地理解作者的思想。

第三步，寻找重点和关键。

唐代大文豪韩愈在《进学解》中说：“记事者必提其要，纂言者必钩其玄。”其点明了提炼要点的重要性，因此要找到文章的要点、关键和难点，弄懂并牢牢记住。在此基础上，再去理解和记住文章其他从属部分的内容。所谓“万山磅礴，必有主峰；龙衮九章，但挈一领”，说的就是这个意思。

第四步，融会贯通。

将所理解和记住的各种局部内容，联系起来反复思考、全面理解。这样，更有利于加深记忆。

第五步，在实践中运用、检验。

古人讲学以致用、知行合一，将学习的内容真正内化，才能在实践中自如运用。如果一用在实践中就“卡壳”，说明对所学内容并未理解透彻。衡量是否理解是有标准的：一是可以用语言和文字进行解释；二是能付诸实践运用。实践是一种检验，更能继续深化对所学内容的理解。

聪明的基本意思是耳聪目明。靠视觉、听觉、味觉、触觉的聪明敏锐接收到的外界信息，通常形成的是短期记忆。关于记忆的形成，脑科学研究给了我们很大的启发，外界的刺激能使大脑的皮层细胞产生很多的神经元链接，这就是细胞集合。神经元链接在细胞集合之中的产生是非常复杂的，但这些链接如果多次反复被激活，就能产生永久性记忆。

然而，一个人使用多种大脑细胞链接的前提是有大量的储备，他必须经过基于信息储备的思维的过程。比如“不知细叶谁裁出，二月春风似剪刀”，一个人只有知道了垂柳叶子的形状，才能明白“二月春风似剪刀”的含义。知道这个场景作为基础，再加上思想情感的文艺修辞，使大脑多种细胞的神经元进行链接，最后才能理解并记住。

所以我认为，在教学实践中，要让孩子每想到一首诗，都想到它的场景，想到它的情感，想到它表达的主题。学语文是如此，学数学是如此，学任何学科都是如此。只有通过实验、触碰和感受，才能形成画面感，才能产生永久性记忆。

好的想象是成功记忆的一半

想象是创造的前提。想象力概括着世界上的一切，没有想象就不可能有创造。想象力具有自由、开放、浪漫、跳跃、形象、夸张等特点。当我们看电影的时候，那些生动的电影图像、人物情节会深刻地印在我们的记忆中，而且很长时间都不会忘记，根本就不需要刻意去记忆，这就是形象记忆的威力。具体的训练方法有："无声看图"，要求人们一边看图一边进行想象；"无声思考"，要求人们在看到几组没有直接关系的词组后快速串联，组成一幅印象深刻的图像。

当我们要求学生背诵某篇课文的时候，很多学生都会反复地读、反复地背诵，这样的效果会比较差。我们可以帮助学生进行形象记忆。比如，背诵《海上日出》时，要先把构图给他：波光粼粼的海面上的一轮红日。这个场景出来之后，整篇文章就呈现了出来。将语言描写用图片表现出来，形象思维和语义情感就联系在了一起。如此学生背起来就会比较轻松，不需要死记硬背。

有位美国心理学家曾说："一个事实，在心中越是与其他大量事实发生联想，就越能很好地记住，留在心中。每一个联想的事物是钓鱼钩，应该记住的事实则吊挂在其上。当记忆从表面沉入时，钓鱼钩成为将它吊起来的一种手段。"这段话表明，用想象来帮助记忆，不仅可以达到识记的效果，并且在需要的时候还能够帮助提取所需的信息。

想象是思维的基础，思维能力又直接影响人的记忆力。想象贯穿思维的全过程，特别是形象思维过程。因此，想象除了能直接影响人的记忆，还能间接影响人的记忆。作家、艺术家纵横古今，标新立异，大都依靠想象进行推测和虚构。文学作品中的夸张、拟人、比喻、比兴等手法，无一不是借助想象才能得以实现。

那么，我们常见的想象方法有哪些呢？

1. 相近联想法

相近联想法指的是在时间和空间上有相似性的联想。一般来说，在同一个空间中的事物，时间上也接近；在同一个时间段上产生的事物，空间上也接近。因而，在联想上，时间和空间是交错在一起的。

比如，当我们学习中国唐朝的历史时，可以同时了解在这个时期世界上是否有与唐朝相似的其他强大国家。当我们具备一些历史知识后，就会联想到阿拉伯帝国。此时，这两个国家都国力强盛、文化繁荣。这就是相近属性。我们还能继续联想：这两个国家崛起的原因是什么？背景是什么？发展兴衰是否有共同的规律？同一时期是否还有其他类似国家？

通过这个案例，我们可以看出，相近联想可以整合时间与空间，拓展知识的广度与深度。

2. 相似联想法

相似联想法是找到事物的特征，将有类似特点的事物放在一起的联想方法。这种方法突出了事物的共同特征与相似特征。

例如，我们在学习《唐诗三百首》时，会将唐诗按照主题分类，分为“写景诗”“边塞诗”“爱情诗”等几大类，集中在一起学习，学完一首引起联想，回忆起另一首诗；学习汉字时，将同一部首的字放在一起进行学习，比如三点水旁的江、河、湖、海等字。学习其他科目时，也都可以利用类似联想加强记忆。

需要注意的是，我们在进行相似联想时，要尊重客观规律，不能臆造相似性，这样反而不利于记忆。

3. 对比联想法

对比联想是根据事物之间往往具有对立性的特点而建立起来的一种联想。《道德经》中说：“故有无相生，难易相成，长短相形，高下相倾，音声相和，前后相随。”由于事物的对立性，将其归纳到一起进行联想记忆，效率就会很高。

在小学语文学习中，我们学了“大”字就会学习“小”字，学了“多”字就会学习“少”字。对其他一些知识的学习也是如此，比如我们知道当今世界上国土面积最大的国家是俄罗斯，同步可以学习国土面积最小的国家是梵蒂冈。在对其他任何学科的学习中，也可以运用这种联想。

在学习和日常生活中，对比联想的运用非常广泛，也大大提高了我们的记忆水平。

其实，提升记忆力的秘诀非常简单，核心就是要运用想象力，把所有中文的、英文的、数字的、抽象的材料转化成具体的、生动的、有趣的画面。

爱因斯坦说过：“想象力远比知识更重要，因为知识是有限的，而想象力概括着世界上的一切并推动这一切，想象力才是知识进化的源泉。”

在这样一个知识大爆炸的时期，我们想要获得单个的知识点是非常容易的，但知识是永远学不完的，比知识更重要的是我们的想象能力。因此，我们需要多锻炼孩子的想象力。

找到自己的最佳记忆时间

记忆与时间有着密切的关系，时间越长，记忆的东西就越多；时间越长，也就越容易遗忘，记忆就越难保持。所以，我们要找到自己的最佳记忆时间，顺应大脑的“脾气”与秉性，合理安排学习时间，让大脑更好地为我们服务。

增强记忆有没有一个公认的最佳时间？这是一个有争议的问题。大多数人认为，根据不同的具体情况，最佳时间是不同的。也有人认为，存在着一些有规律的记忆时间。下面，我们就展开来说一说这个问题。

1. 学霸公认的四大记忆时间

每个家长都希望自己的孩子越来越聪明，尤其希望孩子读书出色。好的成绩离不开好的记忆。科学研究表明，在以下 4 个时间段内，我们的脑神经更为活跃，思维更为灵敏。熟知一天中的 4 大记忆时间，可让孩子更加高效地学习。

第一，早上起床后。一日之计在于晨，这时是孩子头脑最清醒且体力最充沛的时间，可以在这段时间背一些需要记忆的知识，如英语单词、古诗文或文科类的知识点。

第二，上午 8：00-10：00。这时人的耐力是一天中最好的，可以接受一些“挑战”和“考验”，所以像逻辑性较强、难度大的学习任务可以安排在这个时间段完成。

第三，晚饭后的两小时。晚饭过后，稍事休息，就可以投入认真的学习了。在这个时间点，大部分孩子在做这一天的家庭作业，也是记忆的好时候，可以认真复盘一天的学习，查缺补漏，制订第二天的学习计划。

第四，睡前。很多人有这样的体验，睡前背了一些内容，当时并没有背下来，但经过一夜的休息，第二天早上突然就能完整地背诵了。这是因为我们睡着了，大脑部分区域还在持续工作。所以，利用好睡前的 3 分钟，也有利于我们事半功倍。躺床上时，可先听一段轻音乐，然后将要背的内容朗读出来，时间不用过长，以免占用休息时间。读完几遍后，将背诵内容放在床头，方便第二天早上复习，然后安心入睡即可。充足的睡眠帮助我们大脑更好地休息，也更利于我们形成记忆。在第二天早上醒来的第一时间，再读一遍要背诵的内容，然后试着背背看。

2. 每个人的记忆能力存在不同

最佳记忆时间，是根据大部分学习成功的学生的经验与现行的学校实践总结的，但谈论到具体个人，也有不同的情况。

1978 年，美国圣约翰的两位教授做了一项实验，证明每个人的最佳记忆时间并不相同。有些研究对象在早上起床后记忆力最佳，而一些研究对象早上的记忆力表现却是一天中最差的。我们可以根据自身情况，来探索最适合自己的记忆方式。

当别人说“每次早读后我基本都能背下来”，而你花了同样的时间却没有背下来时，不用焦虑，可能只是你的最佳记忆时间和他不同，多试几次，就会找到自己的最佳记忆时间。

3. 怎么找到最佳记忆时间

家长怎样确定孩子的最佳记忆时间呢？

我们可以在一天的各个时间段让孩子背单词：早上背，中午检测；中午背，下午检测；下午背，晚上检测……这样循环往复，并且做好记录。

过几天，让孩子休息一下，再检测几次，这样会让结果更为精确。对比几次记录，找到孩子的最佳记忆时间，便可以有意识地让孩子在这段时间进行刻意练习，帮助孩子提高学习效率。

影响人类记忆的三大“魔咒”

古语有云：“大巧无术。”我们要想成为真正顶尖的记忆大师，必须通晓大脑的工作原理，驾驭记忆的规律。

1. 艾宾浩斯遗忘曲线

在学习中，记忆和遗忘是一对冤家。学习之后产生遗忘是必然现象，但这种遗忘是否蕴含规律？有什么办法可以最大程度避免遗忘呢？

心理学家艾宾浩斯做了这样一项实验：他选用了一些根本没有意义的音节，比如ejidju、mcueyf、jriniee等作为记忆材料，用节省法计算保持和遗忘的数量（见表7-1）。

遗忘进程是不均衡的，先快后慢。因此，想要学习效果好，复习旧知识是相当有必要的。如果我们有规律地进行复习，更会大大提高我们的记忆效率。现在有很多手机App都有按照“艾宾浩斯记忆法”进行提醒的功能，按照这样的时间点进行复习，既方便又高效。

表 7-1　不同时间间隔下的记忆保持百分比

时间间隔	记忆保持百分比（%）
刚刚记忆完毕	100
20 分钟后	58.2
1 小时后	44.2
8~9 小时后	35.8
1 天后	33.7
2 天后	27.8
6 天后	25.4
1 个月后	21.1

然后，艾宾浩斯根据这些数据描绘出了一条曲线，这就是艾宾浩斯遗忘曲线（见图 7-1）。

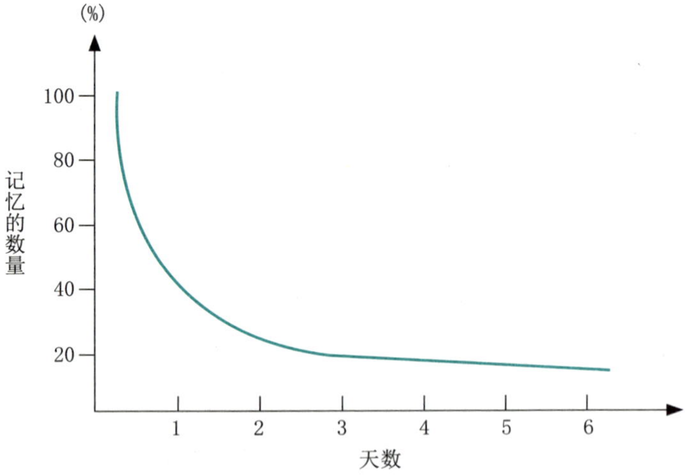

图 7-1　艾宾浩斯遗忘曲线

2. 前后摄抑制

上学时，很多学校都会在早上安排一些读书内容，很多老师让同学们睡前再读读书，这样的方法很有效。为什么呢？因为我们排除了“前后摄抑制”。我们的记忆容易受前后学习内容的影响，特别是对一些相似或相近的知识，很容易混淆。心理学的一系列实验也揭示了这一点，科学家让被试者背诵一些单词，在中间的部分，出错率更高。排在前几位或后几位的单词，不容易出错。

如何运用这一规律来强化我们的记忆？利用好睡前和起床两个时间点，早上没有“前摄影响”，睡前没有“后摄影响”，是记忆的好时机。

3. 记忆之“7”

心理学家约翰·米勒做过一项关于短时记忆的实验。实验发现成年人的记忆广度为 7±2 项内容，多于 7 项内容则容易混乱或遗忘。这个“7”既可是字符、单词、汉字，也可以是一首七言诗。

这个实验给我们的启示是，我们可以把记忆内容以 7 为一组进行编排。比如背诵圆周率，把小数点后面的 7 个数字列为一组，把每 7 段即 49 个数字作为一首诗来背，就会感觉像背诗一样朗朗上口，记忆效率高。

我们在背诵古诗时，除了韵律朗朗上口外，一句不超过 7 个字，也是我们容易背诵的原因之一。利用好这个数字，可让我们的背诵效率更高。

4. 记忆不能自我欺骗

大家可以在日常学习生活中运用以上三个方法，但还有一条重要补充：精确和熟练！仅占体重 2% 的大脑却消耗了身体超过 20% 的能量，这还不算思考时消耗的能量。

学习是孩子的重要任务，这也是对于孩子来说最累的事情，所以每个大脑都会“偷懒”。看上去孩子在专注抄写，在看书学习，事实上很多孩子心思根本没在抄写的内容上。大脑的偷懒，可怕的是会导致不良学习习惯的养成，甚至还会自我欺骗：自己认为自己记住了，自己安慰自己学习了，还会欺骗家长和老师。

所以为了养成不欺骗自己的品质，要把每一个知识点精确、无误、熟练、自如地默写和复述出来。到了高年级，即便一个知识点变换题型也可以做出来，才是真正记住了。

独家解密“记忆万能公式”

俗话说：“真传一句话，假传万卷书。”记忆的方法有很多，归根到底都没有逃出“记忆万能公式”的范畴。

记忆＝（联想＋编码）×复习

1.联想

通俗地说，联想就是脑中由一事物想到另一事物的心理活动。

比如，由太阳想到温暖，想到幸福；由落叶想到秋天，想到漂泊；杯弓蛇影，一朝被蛇咬十年怕井绳……这些都是我们不自觉地运用了联想。如果你想记住一些事物，那就制造联想。快速记忆就是把所需要记的资料进行快速联想，如果一些需要记忆的资料之间没有逻辑关系，枯燥乏味，不方便记忆，这时，我们就需要将这些资料做一些转换。

例如，要记忆毫无关联信息的扑克牌，或者一长串没有规律的数字信息，如果我们单纯去联想，很难有拓展的空间，并且很容易发生混淆。所以，我们要将这些信息变成生动形象有画面感的图像，才能快速对他们进行联想。

例如，把扑克牌中的红桃J转化为“红色鱼钩”，把黑桃K转化为“戴着黑色帽子的国王”，把草花4转化为“黑色四叶草”。总之，把每一张牌都转化为一个具体生动、容易记忆的图像。

2.编码

联想完成后，我们就要用到记忆的另一个重要原理：编码。

所谓编码，就是把我们学习的这个知识或要记的那个知识，转化为一种自己更容易理解和记忆的方式，从而让记忆变得生动有趣、简单轻松。

第一种是谐音转化法。比如我们向别人介绍自己的名字，要想让别人一次性记住，就可以使用这种方法。如“我叫潘峰，就是勇攀高峰的潘峰”。这样的自我介绍，很容易被别人记住。再比如我们记忆数字的时候，“78”谐音是青蛙，“02”谐音是铃儿，“47”谐音是司机，“55”谐音是火车鸣笛声呜呜。我们如果要记住47550278，可以这么编码转换记忆：“司机开着火车摇着铃儿让青蛙让开”，一幅生动的卡通画在脑中展开，枯燥的数字也被记住了。

第二种是形象转化法。比如在教低年级孩子认数字时，我们经常会把 1 画成铅笔的样子，把 2 画成小鸭子的样子，把 8 画成眼镜的样子；在学地理、认地形时，我们会把意大利版图看成一只靴子，把云南省版图看成一只孔雀。在生活和学习中很多时候，我们都会运用到这种方法。

3. 复习

记忆是个概括的称呼，它的过程有三个阶段：识记、保持、再认与重现。你如果想提高记忆力，就必须对这三个阶段加以重视。而记忆又分为短时记忆和长时记忆，我们需要做的就是把短时记忆转变为长时记忆，也就是记忆万能公式中的复习。

复习的方法很多，有课后及时复习、周复习、月复习。复习是一种简单、机械的重复性工作，每复习一次就加深一倍的牢固性，是掌握知识、提高水平不可缺少的环节。及时复习会使神经链接更为牢固，将所学内容持久地储存在大脑里。

叁

赋能篇

陪孩子终身成长

智者博览群书，亦是阅历人生。北宋理学家、教育家程颐曾说：“外物之味，久则可厌；读书之味，愈久愈深。”善读书之人，知其味，则用心越深，终其一生都在用知识武装自己。正所谓，腹有诗书气自华，读书万卷始通神。

第八章

照亮未来：用书香浸润孩子童年

为什么要鼓励孩子广泛阅读

清代学者王永彬在《围炉夜话》中写道："何谓享福之才，能读书者便是。"阅读会影响孩子的一生，从小学到大学，我们从教科书上学到了不少知识，但教科书上的知识对于浩瀚的知识大海来说，只是凤毛麟角，还有很多知识是我们在课本上根本就学不到的。孩子只有走出课本，读更多的书，才能够开阔视野，拓宽知识面。

阅读的孩子对周围事物有更深的理解。他们拥有良好的思维能力，并且更容易具备同龄其他孩子缺乏的创造力和想法。与不读书的孩子相比，他们长大后，变得更加聪明，对周围的环境更加了解。因此，聪明的家长都会利用阅读这个有效的工具来教养孩子，为孩子的一生打下良好的基础。

如今越来越多的学者把阅读看作一个人能力的基础，他们认为，阅读素养更高的人，在求职和行业转换上会表现出更强的能力，并且心理与精神方面也更容易获得快乐与充实。

当代学者余秋雨认为阅读是人一生最重要的素养，可以帮助人摆脱平庸。他说：“青年人稚嫩的目光常常产生偏差，误以为是出身、财富、文凭、机运使有的人超乎一般。其实历尽沧桑的成年人都知道，最重要的是自身生命的质量，生命的质量需要锻铸，阅读是锻铸的重要一环。”

因此，要树立正确的人生态度，离不开良好的阅读习惯。如果不阅读，你就无法知道世界到底有多大，更无法了解人生的艰辛与道理。

六年级的女孩帆帆学习成绩特别好，每个学科都表现优异。通过家校沟通我了解到，她的妈妈在她只有6个月大时就开始培养她阅读的兴趣。她为女儿挑选了绘本和纯文字书，并经常将这些书放在女儿周围，也经常和孩子一起读。

慢慢地，帆帆爱上了看书，书对她来说就和玩具、游戏一样充满乐趣。她把书当作自己的良师益友一样爱护，从不撕书、毁书。

后来，她妈妈还陪她一起阅读古文经典。渐渐地，帆帆的识字量近乎成人。由于她认字早、读书多，阅读成了她的强项，她一上小学就得到了老师们的赞赏，各方面也表现得很优秀。

1.阅读让孩子变得聪明和智慧

人类文明的延续，离不开前辈的记录与书写，通过阅读和理解前人留下的智慧结晶，人类的文明得以不断发展延续，代代传承。阅读就是站在前人的肩膀上认识世界。所以，孩子如果养成阅读的好习惯，将受益无穷。

很多老师通过长期观察发现，喜欢阅读的孩子大部分在学习上获得的成就更高。即便部分孩子的考试分数不拔尖，但是他们在想象力、创造力方面大大领先于不看书的孩子。通过阅读，孩子的见识面更广，情感体验更加丰富，心理承受能力也更佳，遇到问题时，更有解决的自信与智慧。

一些家长可能有这样的疑惑：通过看动画片、看纪录片或看电影也能开阔孩子的视野、丰富孩子的情感，这与阅读有什么不同呢？一位英国的心理学家对此专门做过研究，他发现，通过阅读，孩子的脑细胞处于主动运动的状态，可以促进孩子的大脑发育，从而提高孩子主动学习和分析思考的能力；而看电视或视频是一种被动接受的行为，没有这样的功能。狄德罗说："不读书的人，思想就会停止。"所以我们要运用多种方法促进孩子阅读和主动思考。

2.阅读塑造孩子的良好性格

阅读，犹如打开一扇与外界沟通的门；读一本好书，就像在和一个心灵高尚的挚友对话。孩子在成长的过程中，会遇到各种各样的问题，在家长的帮助和引导下，如果问题得到很好的解决，孩子就会健康快乐地成长；但如果问题没有得到很好的解决，或因为各种条件没有办法被解决，孩子的情绪就会变得低落，长期下去，甚至影响孩子的性格。随着年龄的增长，也有很多孩子不愿意告诉家长在生活中遇到的问题。作为家长，除了要和孩子保持良好的亲子关系，及时了解孩子的状况、疏导孩子的情绪之外，让孩子多阅读也是非常不错的开导孩子的方法。

孩子在生活中遇到的问题，几乎都可以在书中找到答案。也许孩子因某件事心理受了伤，但通过阅读，孩子发现，自己与书中的主人公有着相同的境遇，会得到心灵上的共鸣。孩子也可以借鉴书中的解决办法和思考角度，尝试处理问题，疏解自己的情绪，锤炼自己的意志，养成良好的性格。

3. 阅读可以帮助孩子树立正确的价值观

考试成绩并不能代表全部，如果一个孩子的价值观出现偏颇，那么他进入社会以后会处境艰难、寸步难行。价值观的养成，除了家长在生活中时常给予孩子引导之外，阅读也是一个很好的途径。

例如，从“经典德育故事”中，孩子们可以学到孝、悌、忠、信、礼、义、廉、耻；从“爱的教育”中，孩子们可以学到善良、正直、诚实、友爱……读书的过程，就是在塑造孩子的正确价值观，滋润孩子的心灵。

多给孩子创造亲近书的机会

就人类成长的规律而言，3~6 岁是人一生中发展最重要的时期。这一时期，孩子对外界充满好奇，家长灌输给孩子什么，孩子都能很快地接受。因此，在孩子 3~6 岁时，家长培养孩子良好的阅读习惯最为合适。

有一位家长问我："我们孩子刚上二年级，语文学习成绩不是特别好。为了帮助她提高成绩，我给她买了很多书，可是，孩子一点也不想读，每次拿出书，才翻开看几页，就直嚷着头疼，不愿意再继续读下去。孩子出现这种情况，我该怎么办？"

在沟通中我了解到，这位家长在食品批发市场开了铺面，夫妻两个负责日常经营，完全没有时间照顾孩子，孩子从小就是在食品批发市场里玩大的。

了解到这一情况后，我向这位妈妈解释了孩子阅读启蒙的黄金时间、培养孩子良好阅读习惯的重要性，以及如何培养孩子的阅读兴趣。这位妈妈这才意识到，自己不应该只是一味要求孩子阅读，而是应该为孩子创造更多亲近书的机会，让她自己挑选喜欢的书籍。

那么，家长该如何给孩子创造亲近书籍的机会呢？

1.利用图书馆的资源

图书馆有非常多的优势：一是阅读氛围浓厚，安静，易于培养孩子的阅读习惯；二是馆藏书目种类丰富、全面，新书更新也比较快；三是相比于把书买回家，在图书馆只要花费较低的成本，就可以读到自己想要的图书。

很多家长和我反馈他们的孩子到图书馆之后，逛两圈随手翻几本书，就想着要离开了。家长虽然把孩子带到图书馆，但并不知道要做什么及怎么去引导孩子。孩子在图书馆的阅读习惯也是需要逐步培养的。家长需要多一些耐心，先给孩子选择合适的书籍，和他找到一个安静的角落，一起轻声地朗读书中的内容，帮他找到读这本书的乐趣。等孩子愿意在图书馆看书了，家长也可以找一本适合自己的书，陪伴着孩子，共同阅读自己心仪的书籍。在电子产品与短视频充斥的时代，这是多么美妙的亲子时光！

2.和孩子一起选书

为了培养孩子的阅读习惯，你在家给孩子准备了足够多的书吗？遇到这样的提问，你是赶紧检查自己给孩子“囤”的书够不够多，赶紧再去买？还是停下来想一想：孩子读的书，为什么要家长给他准备好，而不是让他自己慢慢挑？

我遇到过很多为选书感到困惑的家长，他们不明白为什么自己给孩子精心挑选的书，孩子却不喜欢。

其实答案很简单：因为不是孩子按照自己的兴趣选的。

每到假期，我就会遇到很多这样的提问：您能推荐几本适合 × 岁孩子读的书吗？

通常我都会回答：带孩子去书店，让孩子自己选择，他知道自己想读什么书。

给孩子读的书要由家长来选是成人的固定思维，很多家长认为孩子还小，不知道自己想读什么。其实，孩子自己是想要尝试的，只是选书的权利一直被家长掌握，他没有机会去自己实践而已。

家长可以和孩子一起选书，在去书店之前，和孩子商量，将书目分类，规定哪几大类可以购买、哪几大类可以购买但限制数量和哪几大类不允许购买。比如文学名著、经典故事、百科知识等书籍，可以自由选择；关于历史、科普的漫画，可以少量选购；没有内涵的连载漫画、价值观不正的书籍，不允许购买。在家和孩子约定好种类和书目之后，到了书店，就放手让孩子去选择吧。家长可以把孩子选的书都放在一个地方，告诉孩子这都是他自己选的书，自己要读完，让他建立对读书的归属感和责任感。这样，他就有更多动力认真读书了。

也许在此过程中，孩子会因为某书籍的封面好看而选择该书，买回家之后因为图书内容晦涩难懂而束之高阁。没关系，这也是一种试错，我们要允许孩子在一定范围内试错，这样孩子才能锻炼出“品鉴”书籍的能力。适当给予孩子选择的权利，可以让孩子阅读起来更有兴趣和具有主人翁意识。

真正的“会读”不仅仅是读故事

新冠疫情期间，武汉“方舱医院”一个被新冠病毒感染的年轻人认真读书的照片在网上引起了轰动。照片中的年轻人一脸闲适放松，忘我地阅读着，似乎完全不受病情影响。那一刻，读书使他的内心和平，为他提供了一方远离病痛的“净土”。

曾经有人断言，互联网时代，我们再也不用读书了！确实，网络给我们提供了很多便利，在遇到问题的时候，在百度或知乎上随便搜索一下就能得到答案；想要休闲，抖音、快手随时都能带来快乐；甚至阅读，各式各样的听书软件也层出不穷……读书已经不再是人们获取知识的唯一途径，也不再是人们打发闲暇的最佳选择。即便如此，读书带给人成长，这是其他事物永远无法取代的。

在现实生活中，也有一部分人在闲暇的时候选择读书，但是也经常会听到他们抱怨说读书好难，不知读什么书好，并且不能很好地消化书中的知识点，更不用说将知识运用到实际生活中。

都说开卷有益，但是读书本身就是一件很难的事了，更不用说刷新认知、突破人生瓶颈。然而，时代和历史都告诉我们：会读书，读懂书，你将拥有不一样的生活。阅读虽然客观上不能让你的人生变得更长，却可以让你的人生变厚。会读书与不会读书，差的是整个人生。那么，我们该如何“读”书呢?

1.“三步读书法”

“三步读书法”是教育家叶圣陶先生在数十年的教学、写作和做编辑的经历中，总结的一套行之有效的读书方法。叶圣陶先生认为重要的、需要精读的书籍或文章，分初读、复读、再读三步进行。

第一步，初读。

“就其中的一篇或一章一节，逐句循诵，摘出不了解的处所；然后用平时阅读的经验，试把那些不了解的处所自求解答，得到了解答，再看注释或参考书。”

也就是说初读，要经过求疑、答疑、复核这三个环节。读书，首先在阅读的时候要找出自己的不懂之处。只读书而没有疑问，等于没有读书。可以说小疑则小进，大疑则大进。找出问题后，我们要根据自己的阅读、工作、生活中的体会来寻求答案。在阅读中产生疑问，不要轻易就去求人解答，要在百思不得其解的时候，才去看参考书或向别人请教，在这种答疑过程中就有长进。自己的疑问得到了解决，还得验证其是否正确。在检验过程中辨明真伪，求取真知。

求疑、答疑、复核三个环节中，叶老强调的是读书过程中的思考。初读的核心是思考基础上的问。

第二步，复读。

“又复读一遍，明了全篇或全章全节的大意。”

如果说初读的自问自答是为了条分缕析地进行钻研，那么复读就是为了明白文章的大意，站在高处，综合归纳。唯有分析，才能了解书的细节；唯有归纳，才能对全文的脉络、思路、要点、中心等了如指掌。因此第二步是对第一步的必要补充。

第三步，再读。

“最后细读一遍，把应当记忆的记忆起来，应当体会的体会出来，应当研究的研究出来。”

这是叶老规定的第三步的任务。第一、第二步是“钻进去”，第三步是“跳出来”。第三步的目的是吸收、创新。学习过的知识，不仅能认真体会，并进行记忆，还要对能改造、创新的地方下功夫研究，使认识不断深化，以转化为自己的成果。

2.教孩子边读书边记笔记

很多家长认为阅读是享受“读”的过程，没有必要再费时间记笔记，认为这不但影响了阅读的兴致，而且耽误时间。因此，他们大都只培养孩子的阅读习惯，而忽视让孩子养成做笔记的习惯。如果说书是一座宝山，那些只阅读而没有对其进行“加工”、没有做读书笔记的人，只能是“宝山空回”。

如果一周读一本书，一个月下来就是4本，一年就有50多本。但是很多人可能都有过这样的经历：只能记住书中的大概，却完全记不得那些好词好句；看了很多工具书，却感觉书中的知识对自己的日常生活完全没有用。之所以出现这种情况，是因为我们大多数人只是阅读书，而没有做读书笔记。

写读书笔记，可以提高孩子的自信心。利用读书笔记将读过的每一本书都记录下来，孩子看着读书笔记，就会知道自己前期有了这么多积累，自然会更加自信。有了这份自信，孩子在学习以及在做其他任何事情上也会更加认真、积极。

写读书笔记可以让孩子更好地学习和感受语文。孩子有了读书笔记，在将来写作文的时候，就可以直接从读书笔记中寻找素材。小学生写读书笔记更是积累的过程，只有积累了更多的字词句，才能成就美妙的段篇章。孩子读过什么书、这些书讲了什么内容、有着什么样的故事情节、从中得到什么启示等，这些内容都将非常有助于孩子开展思考活动。

当然，做读书笔记并不是件容易的事，它需要脑力与体力的叠加。具体来说，在做读书笔记的时候，以下几项是必须记录的。

第一是书名或标题。不管是一本书，还是一个故事，我们都要把书名或标题记录下来。如果是书，要记册、章、节；如果是期刊，要记期号；如果是报纸，要记年、月、日和版面，以备日后查找方便。

第二是作者。有时同一个书名可能有好几本作品，这时用作者来进行区分是比较好的。

第三是题材。分辨阅读题材对于小学生来说可能会有一点难度，此时家长可以适当予以帮助，将题材进行分类，比如议论、抒情、记叙等。

第四是阅读日期。阅读日期是最简单的，写上就可以了。

第五是内容简介。这也是阅读笔记最重要的部分。把自己阅读过的一本书或一篇文章，用纲要的形式将大致内容提纲挈领地叙述出来。可以采用引用原文语句和使用自己语言相结合的方式。

此外，还可以写出自己的认识、感想、体会和得到的启发。

从趣味到习惯，让孩子爱上阅读

你家孩子爱读书吗？你家孩子闲暇时间都在做什么？

有人说，想要做到自信、理性、平和、乐观，除了读书，没有其他办法，没有捷径。现在大家都在看手机，手机是碎片化阅读，大部分信息是大数据筛选出来的与你同质群体的内容，它并不会使你有所提高。一个人读不读书、读了几本书，虽然一时看不出来，但长期不读书、不看报的人一定像古人所说：三日不读书，则语言无味，面目可憎。

腹有诗书气自华。与其教孩子读书，不如教他们爱上读书。孩子阅读习惯和能力的培养，需要一个长期的过程，而家长在其中扮演着重要角色！怎样才能让孩子喜欢读书？

1. 为孩子营造良好的阅读环境

现在很多家庭装修，已经选择不装电视柜和电视了，取而代之的是一整面的书柜和满墙的书籍，舒服的沙发也换成了一张大书桌和几把椅子。明亮而温暖的灯光下，家长和孩子在一张桌子旁读着各自喜欢的书，或一起探讨书中的问题，非常温馨，也非常有意义。

我们要给孩子营造良好的读书环境，读书环境分两种：一是硬件环境；二是人文环境。孩子需要安静、舒服的读书区域，这个区域可以是一个专属的小沙发，也可以是和大人一起阅读的书桌，明亮、温暖、舒适，各类优质书籍触手可及。在这样的环境里，孩子乐于阅读，沉浸于阅读。但如果大人在边上刷手机短视频或玩游戏，孩子很快被吸引，就会放下手中的书也想去玩手机。所以，家庭读书氛围的营造更为重要。在孩子小的时候，我们每天可以和孩子讲睡前故事，共同创造属于孩子童年的美好回忆。在孩子长大一些，我们可以一起与孩子阅读，在生活中、旅行中等各个场景，讨论书中的内容。

相信有这样的环境，孩子很难不爱上阅读。

2. 帮孩子选择好书

每次进入图书馆，特别是国家图书馆等大型图书馆，我都很受震撼，吾生也有涯，而知也无涯。面对人类几千年文明传承，世界几千种语言文字，集结成如此种类繁杂、数量庞大的书籍，我们应该如何帮助孩子选择呢？

明代吕坤所著《呻吟语》中提到书籍的品类：“有全书，有要书，有赘书，有经世之书，有益人之书，有无用之书，有病道之书，有杂道之书，有败俗之书。”“非圣书，屏勿视。蔽聪明，坏心志。”

如今，按照一般标准，我们可将书分为“好书”“垃圾书”和“坏书”三种。

所谓好书，就是经过历史大浪淘沙的沉淀、举世耳熟能详的作品，蕴涵着亘古不变的人类精神追求。

所谓垃圾书，就是流行一时却没有多少内涵的小说、漫画、网文，它们像没有营养的垃圾食品，只能满足一时的口腹之欲。此类书籍在形式上更迎合读者的喜好，有些作者甚至一边写一边在网上收集读者反馈，读者想让剧情怎么发展，作者便怎么写。这类文章主题浅显，情节重复，最能培养阅读惰性。习惯阅读这些作品，就像长期把零食当主食吃，浑身虚胖却软弱无力。

所谓坏书，就是价值观不正的书，有的甚至涉及色情、暴力、邪恶等，如同毒药，绝对不能让孩子接触。钱钟书先生曾说：“盖一书之中，呼应起讫，自为一周，读者不必于书外别求宣泄嗜欲情感之具焉。劣作则不然，放而不能收，动而不能止，读者心烦意乱，必于书外求安心定意之方，甚且见诸行事。”也就是说，价值观尚不稳定、心智尚不成熟的孩子看了此类书籍，不辨善恶，或出于各种原因想去尝试，后果不堪设想。

3. 亲子阅读，分享感受

亲子交流对孩子阅读兴趣的培养很有帮助。人类是非常喜欢听故事的。当孩子还小的时候，我们通过读书讲故事，初步让孩子知道书中有很多有意思的事。

孩子在识字后，能尝试自己阅读了，其表达能力也提升了。这时，我们建议家长利用空闲时间多陪孩子一起读书，讲书中的内容给孩子听，或者让孩子讲给家长听。通过愉悦的互动和高质量的陪伴，孩子与家长之间的感情会越来越好。

现在很多电影、动画都是由经典故事改编。我们可以多和孩子聊一聊书中的内容，并陪着他们一起观看电影，讨论书中和电影中不同的情节，思考为什么导演和作家会有不同的取舍。我们应鼓励孩子说出自己的感受和想法，来增强孩子的思考、沟通和表述能力。

有一个孩子在二年级时读完了《哈利·波特》全集，每读完其中的一册，他的妈妈就陪他一起看同步的电影作为奖励，并积极与他讨论书中内容，这个孩子是非常喜欢阅读的。

4. 用各种方法调动孩子的阅读兴趣

孩子的阅读兴趣不是先天就有的，而是在环境熏陶中、在家长的培养中逐步养成的，一旦激发了孩子的阅读兴趣，阅读对孩子来说就会像呼吸一样自然，根本不用家长督促，他们自动会抓紧一切时间阅读！

我们可以从孩子感兴趣的点入手，比如，有些孩子比较喜欢动物，我们可以买一些动物百科全书。而在阅读的过程中，他又发现动物生长的环境不同，习性也会不同，但他对地理并不了解，此时，我们再补充相关的地理书籍，孩子会很有兴趣。

我们也可以让孩子自己续编故事、改编故事，或者带着孩子与爱阅读的朋友一起交流玩耍，这些都能有效地调动孩子阅读的兴趣。

“读书习惯”是思考力的基石

有经验的家长和老师大都说过相似的话：小学阶段的成绩是有欺骗性的，小学生不要太看重成绩，最重要的是把习惯养好，包括生活习惯与学习习惯。

但是也有些家长对这种观点表示质疑：成绩真的不重要吗？如果真的不重要，为什么有些老师为了成绩经常找家长谈话？如果成绩不好，怎么证明习惯就是好的呢？

在我看来，成绩和习惯之间是互补的，是相辅相成的。我希望家长一方面在小学要帮助孩子养成良好的学习习惯，另一方面也要适当关注孩子的成绩，这也是孩子学习习惯养成的成果验证，但也不要因盲目追求成绩而过度透支了孩子的学习动力。

在如今这样一个知识爆炸式更新的时代，知识还重要吗？答案是肯定的，知识仍然非常重要，但是在互联网高度发达的时代，在人类获取知识相对容易的时代，能力的培养同样重要。

有的孩子不论家长怎么说怎么管，就是不爱看书，家长盯着的时候，他捧起书看一看，家长一离开，他马上将书放下了。存在这种问题的孩子，大多由于在他小的时候，家长没有进行阅读习惯的培养。

孩子们的阅读活动是一个特殊的认知过程，它建立在感知语言的基础上，涉及兴趣、意志、情感等多方面因素。阅读过程中，一个能完整复述故事内容、能准确理解文字含义、能用自己的语言解读文字引申意义、能用已有的知识展开想象并深度拓展的孩子，才是真正的阅读者。作为一名真正的阅读者，其阅读思维能力肯定经过长期的训练。

说到底，培养习惯是为终身学习打下一个良好的基础，要从小锻炼孩子的思维能力。那么，如何才能通过读书来锻炼孩子的思维能力呢？

1.与书进行辩论

首先，我们在阅读的时候，可以和已有的知识经验相结合，思考“作者说的是对的吗”“有没有其他可能性”“他为什么要这么写呢”，而不是对书中的内容全盘接受。

其次，我们可以进行对比阅读。对于同一个主题，我们可以多读几本不同作者写的书，了解从不同的角度是如何表述这件事的。再进行思考和对比，以拓展我们的视野，打开我们的思路，提升思维能力。

最后，我们在读完一本书后，可以上网找一些书评，或者与读过这本书的人分享自己的感想，与他们进行交流讨论。

通过长期的训练，我们便能够通过读书提升自己的思考力。

2.互动式阅读与深度对话

我们传统的讲绘本的方式是什么？是带着孩子把绘本故事读一遍差不多就完事了。这就是“消遣式”阅读，家长和孩子很轻松愉悦地听完了故事。这样的绘本阅读虽然有效果，就是孩子喜欢听故事、喜欢阅读，但是孩子阅读能力没有得到有效培养。

互动式阅读指的不是家长和孩子坐下来阅读一本书这种行为，而是指与孩子就书籍展开对话的行为。

互动式阅读可以让孩子在阅读的过程中随时描述他看到的图片、他观察到的细节、他的疑问和思考以及他对问题的理解等，这些可以促进孩子独立思考和逻辑思维的发展。

问题是互动式阅读的基础，你可以向孩子们提出问题，即使他们可能还无法用语言准确回答。请一定在阅读的各个阶段都提出一些问题。比如，对于年龄尚小、刚刚接触绘本的小宝宝，可以这么问：“这是什么蔬菜啊？这个蔬菜是什么颜色的？”当孩子年龄稍微大一些，家长就可以提一些难度比较大的问题：“小马为什么不敢过河啊？”然后，再和孩子一起讨论故事的结果。这样，可以锻炼孩子的叙述和思维扩散能力。

以孩子的兴趣为支点，引导他们自发地了解更多的信息；以兴趣为支点，撬动孩子对未知事物的兴趣。纽约大学研究人员称这种方法为“支架式教学”，这种方法会帮助家长向孩子展示更加广阔的世界，从而激发起孩子浓厚的学习兴趣。

《礼记·中庸》："博学之，审问之，慎思之，明辨之，笃行之。"要博学多才，就要对学问详细询问、彻底搞懂，要慎重思考，要清楚辨别，要切实力行。探索任何领域，不善于思考都是很可怕的，因为我们无法让一个无知的人去创造任何奇迹。

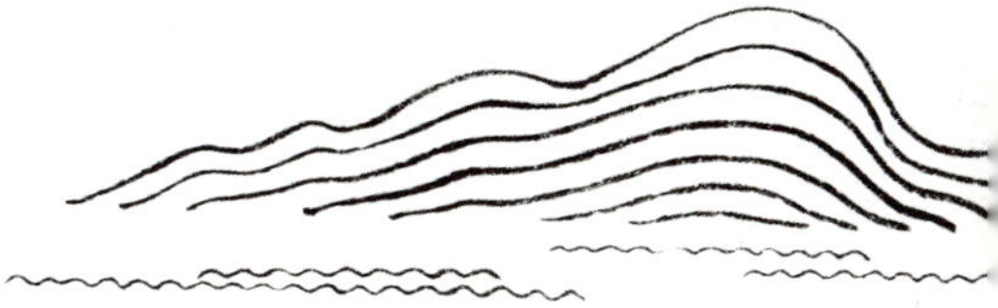

第九章

开启思维：引导孩子掌握思考的技巧

思考的第一步是提问，鼓励孩子多问

要想种好庄稼，首先要了解它的生长规律，何时播种、何时施肥，皆有规律，不可乱来。教育也是如此。

爱因斯坦说过，自己并没有什么特别的才能，只不过喜欢刨根问底地追究问题罢了。

在生活中，有的孩子对什么都感兴趣，每天看到新鲜的东西，都会追着问“为什么”“是什么”，而有的孩子却对身边发生的任何变化“视而不见”。对于后者来说，由于提问能力欠缺，他们失去了很多认识世界、探索世界的机会，对以后的发展产生了消极影响。

好奇心是人类的天性，对于孩子来说，一旦面临新奇的、神秘的、自相矛盾的事物，就会产生探究行为。正是通过这些探究行为，孩子有选择性地了解了周围事物，并积累了大量生活经验。

我面试过一个初中生，他之前是一个重点学校的学生。我问他：“你在你们那个学校学习，又到我们学校参观了一圈，有什么体会和感受啊？”我一问这个问题，他就蒙了，看着我说：“感受？”“对呀，你不知道什么是感受吗？”然后，他说自己以前只是按照要求学习、提升成绩，从来没思考过自己的人生，也没思考过感受。

所谓问题，就其根本性质而言，即人们思维中的矛盾，也常常被称为“疑难”“困惑”。

譬如，有的孩子看到冬天下雪后，雪化了变成水。这是一种新奇的变化。孩子的好奇心促使他们想要了解这种变化是怎么发生的，但是以他们拥有的经验又提供不了合理的解释，所以就会不断发问，雪从哪里来？雪为什么会变成水？

好奇、好问是孩子的天性，更是他们萌发创新思维能力的起点。孩子只有对事物好奇，才会去思考和探索，逐步发展创新或创造的能力。

对于上学后的孩子来说，有问题是其认真学习的表现，是正在动脑子思考的表现；提出问题是积极学习、主动学习的表现；有问题不提问，是在被动学习，学习积极性有待进一步激发和提升。

问题多的孩子成绩不会太差，而且想把成绩提高也相对比较容易。从某种程度上讲，学习就是学会发现问题、思考问题，学会反思和总结问题。除此之外，个人的好奇心、想象力、批判性思维乃至哲学思辨也成为校招时考察的重点。富有冒险精神和创造能力的学生已成为众高校争抢的对象。

所以，家长和教师应特别珍惜孩子的好奇心，肯定孩子发现问题的行为，鼓励孩子多提出问题，并引导孩子自己去思考，去探究，去创新，去寻求答案。

家长应从小着手培养孩子多提问的习惯。学龄前，孩子对世界的好奇心极大，提出的问题也五花八门，家长当有一定的知识储备予以应对。当孩子问“为什么”时，家长应尽量做到耐心、全面、正确并用标准的概念给孩子解释清楚。

当孩子提出我们难以回答的问题时，家长应该做的是带着孩子一起查阅资料寻找答案，让孩子知道有些问题不是一下子就能回答上来的，而是要经过探究、努力才能得到的。探寻答案的过程也是学习知识的过程，而且还有助于培养孩子的动手能力和独立思考能力等。

小学是孩子养成好的学习习惯及学习品质的关键时期，家长要鼓励孩子课上课下多提问题，及时寻找正确答案。同时，为了与孩子产生共同话题，家长需要了解孩子近期的课程安排，知道孩子每周的学习进度，有时间的家长也可以在工作之余与孩子看相同的书籍。

这个方法也适用于孩子成长的各个时期。当孩子提出问题后，首先要肯定孩子提问题的行为，肯定孩子能发现别人关注不到的问题或事件。并从孩子的角度出发，不要用大人固有的思维和知识去限制孩子的想象力和创造力，树立孩子的自信心，让他们有勇气和力量去探索未知的事物。家长千万不能只忙于工作，对孩子不管不问，对孩子提出的问题不屑一顾或敷衍了事。否则，会严重挫伤孩子的好奇心。

中学时期，提问对孩子来说更为重要。鼓励孩子不会就问，这对孩子学习进步是非常有帮助的。中学课业负担重、问题多，如果不及时询问，问题累积得越多，孩子就越麻木，对学习的兴趣就越低，成绩也会慢慢下降。家长和老师都要鼓励孩子多提问题。

在一个班级里，老师可以根据学生提问的情况，快速分辨出学生的学习能力、学习效率、学习成绩差异。学习成绩较好的孩子提问次数一般会比成绩较差的孩子多 5~10 倍。

思考力与“知识储备量”成正比

学习过程中，一个人前期投入的精力越多、基础打得越牢，后期他的知识大厦盖得就越雄伟，学习新知识的速度也就越快。

语言能力与思维能力是大部分人写作的两大支撑。前者是表达，后者是内容，前者服务于后者，后者受前者制约。思维进入一定阶段，将由逻辑能力决定强度高低；但在学生时期，思维的深度往往取决于知识的储备。

我举一个小的例子，两个孩子就同一个题目来写一篇作文。有知识储备的孩子，一看到作文题目就能够很快构思出一篇文章；而另一个没有背过范文也没有大量知识储备的孩子，甚至连一些写作技巧都没有学过，在写作的时候只能东拼西凑。

写作文是如此，学习物理、化学也是如此。所以要想具备思考的能力，还是首先要稳扎稳打把基础知识学好，学习知识的过程也是思考的过程。我经常和做传统文化的人沟通交流，在与一些学书法、学国画的人沟通交流时我发现，他们能通过观摩另一位名家的作品把别人的长处临摹出来。这一切，都源于他们经过了长时间的学习，有大量的积累。

思考力是基于基础性知识的储备而产生的一种能力。连文字都看不懂的孩子，自然是读不懂晦涩的书籍，也写不出优秀的作文。没有储备好基础性知识的孩子，是无法磨炼出“思考力”的。知识是思维的结果，所有人类的知识积累都是前人思维的成果。当然，如果仅仅具备知识而不具备思维能力，没有能力分析具体的场景和问题，就无法将复杂的现实状况进行分解，无法明确解决问题的目标和路径，其结果就是你掌握的知识根本没有用武之地。

常言道：“世界上最怕认真二字。”认真不仅是一种能力，认真本身就是一种素质。一件再困难的事，只要我们端正态度，认真地去做，日积月累，也会有不小的收获。

曾国藩是我国晚清著名的政治家，左宗棠形容他“才短”“欠才略”“才亦太缺”，可见他的资质并不是很高。他评价自己“余性鲁钝”“秉质愚柔”“资质之陋，众所指视”。那他究竟是如何脱颖而出的呢？

做任何事，只要足够努力，达到精熟的程度，便可获得成功。曾国藩凡做事必定坚持一个“熟”字，持续精进，日久见功。他劝弟弟们说：“无日不看书，虽万事匆忙，亦不废正业。”“只要日积月累，如愚公之移山，终久必有豁然贯通之候。”虽然和当朝其他很多官员比，他天分并不佳，但是靠着“精熟”，最终成为晚清的“官场道德楷模”。

《礼记·中庸》说："人一能之，己百之；人十能之，己千之。果能此道矣，虽愚必明，虽柔必强。"不要畏难，对于不熟悉的事情不用害怕，抱持认真的态度，别人一次就能做好的事情，我做一百次，肯定也可以；别人十次能做好的事情，我做一千次。一点一滴地去积累，重复刻意练习，达到精熟。

虽然"认真"是一个很抽象的字眼儿，但家长可以通过一系列细节，让孩子亲身体会到处处都要"认真"。家长可以让孩子帮忙做诸如洗车、清洁卫生间、晾衣服之类的家务。通过这些事情，孩子会积累一些平时接触不到的经验，而这些也会成为助力其思考的工具。

构建导图，知识由厚到薄的工具

爱因斯坦曾说："我的所有点子都是通过画图得来的，语言只不过是我用来向别人解释我的想法的工具。"有研究表明，思维导图能提高70%的学习效率。未来人与人的竞争归根结底是大脑的竞争，思维导图作为目前主流的"脑力革命"工具之一，将帮助你开启新的"用脑模式"。

绘制思维导图是充分调动左右脑协同工作的有效方式之一，因为在绘制思维导图的过程中，你不仅需要调动右脑进行创造性的形象思维，集中注意力调动身体全方位参与其中，还需要动手将头脑中抽象的想法和创意绘制成一幅幅的图像笔记。整个创建过程，既训练了左右脑，又提高了大脑与身体的整体协调性。

目前，记忆法和思维导图已经成为许多"学霸"的必备高分神器。他们可以借助记忆法将大量需要记忆的知识点有效地储存在大脑里，然后再用思维导图管理这些知识点。把枯燥的文字笔记变成"图文并茂"的思维导图笔记，大大提高了学习兴趣和学习效率。

我们学校的英语老师就把思维导图运用到英语实际教学中，通过思维导图对英语知识进行预习、复习及课堂笔记的整理、写作的梳理等，可以有效提高学生的英语学习能力。比如学习英语时可以让孩子将近期学习的单词按照首字母归类，利用树状图的形式更容易使用联想记忆法进行新知识的学习。也可以按照单词的不同词性、词类、词根、词缀等画出思维导图，帮助学生以更灵活的方式来学习单词。思维导图可以帮助孩子更好地理解问题，它最大的好处就是能让知识点的逻辑关系内化到思维过程中去，比起传统的线性思维，这种方式能帮助我们记得快、记得牢。

思维导图用在英语写作中，可以帮助学生围绕某一主题，搜索信息，整理句型，收集词汇，回忆出本课或本单元所学的重点句型，选择适合的句型结构，将零散的知识综合起来，使其更加系统化和整体化。

除了英语学科，在其他学科的学习上，思维导图也能大放异彩。比如在语文学习中，在初学课文前，可以这样布置作业：利用思维导图，展现自己的预习所得。教师可以提前跟学生明确思维导图中的必备内容：重点字音、重点字形、重点部首、易错笔顺、难懂字词、背景资料、内容梳理等。通过查看学生的思维导图，有针对性地设计教学内容。

虽然每个人的逻辑思维能力确实有先天的差距，但是可以通过后天的训练不断提高。

思维导图发明人东尼·博赞先生说，这个世界很多重要的工具都有使用说明书，作为人类最重要的大脑，却没有说明书。于是他反复研究和实践最后发明了思维导图。他曾这样作过比喻：学习如果是一次战斗，记忆术就相当于士兵手中的先进作战武器，思维导图就相当于卓越将领的军事战略思想与作战指挥方案。两者一结合，将战无不胜。就学习而言，有好的技术加持，会大大提高学生学习的效率。

对于学生而言，绘制思维导图的过程本身是一个对知识进行再加工的创造过程，一张思维导图就是一幅图画，大量色彩、图像、关键词的使用，更多感官的投入，使学习过程变得活泼有趣，增强了大脑左脑和右脑之间的神经联结，激发大脑的想象力和创造力！

在学习的过程中，不但预习、笔记、复习考试可以使用思维导图，还可以利用思维导图提高语言表达和写作能力等，即使是在时间管理、计划安排、活动组织、加速个人成长等方面，思维导图也可以创造出无数精彩的故事与案例。思维导图有多种形式，比如气泡图、树状图、括号图、流程图等，家长可以根据孩子的需要，有针对性地、循序渐进地练习。

理解就是增加知识点并“连点成线”

孩子的成绩不会偶然得到提高，而是会顺着一定机制的建立不断提高。若无视这个机制，那么不管家长冲着孩子喊多少句“加油”都无济于事。不少人认为，理解能力与一个人与生俱来的天赋和悟性有很大的关系。

孔子说：“举一隅不以三隅反，则不复也。”这句话折射出的教育思想是：教育应让学生理解，使他们能够举一反三，实现知识的迁移。这实际上也正是“理解”的具体表现形式。然而，理解并不是通过使用秘密的技巧或发现前所未知的解题方法，突然之间实现的。例如，大多数人在生活中都感受过刹车时向前倾、站在水中时看见水中的腿变得很短的折射现象、电梯上升和下降时产生的超重和失重感等，但是没有学过物理知识的人对此并不能理解。

理解的过程实际上并不是跳跃的，而是更加踏实的学习工作的不断累积。要提高学习能力，不在于拥有干劲和毅力，而在于增加知识点，并连点成线。

知识点的数量增加了，更方便我们将这些点连成线，线连成面，面组成立体结构，从而在脑中构建四通八达的知识网络。例如我们记忆一个历史事件，“北宋建立时间是公元 960 年”“北宋第一任皇帝是赵匡胤”“定都东京开封府”，这种基础点有很多，而因为这些点之间存在有机联系，我们才能在脑中构建一个完整的历史事件，很多问题便会很快迎刃而解。此时，点越多，我们的学习就越深入。

要想增加点，首先要有知识的广度。家长平时可以多对孩子进行这方面的训练。很多在某些领域有成就的人，是从小就对此产生兴趣，并且不断积累的。有的科学家从小就观察植物，并进行种植实验；伟大的音乐家也是从小就进行音乐熏陶、训练的。

在积累了大量的知识点之后，才能由点到线、由线到面，当然这个思维是需要长期训练的。

孩子虽然擅长背诵，但像这样的联结工作做起来会比较吃力，因为他缺乏把自己好不容易记住的一些事件进行有机联结的意识。

根据 10 余年一线教学及办学经验，以及对教育类书籍的分析，我发现受传统的教育环境影响，7 岁至 15 岁的儿童的左脑逐渐取得优势，这也使得青少年习惯于只使用左脑功能，比如小学阶段的数学、语文、英语学习更多的是运用语音、数字、逻辑等左脑功能。

但实践证明，如果左、右脑功能开发比较均衡，孩子智商、情商将都高出大部分孩子，他们会拥有更好的成绩，并且具备更强的人际交往和艺术等方面的才能。

左脑的工作方式是串联式，认识事物是从局部贯穿到整体的累积过程；右脑的工作方式则是从整体到局部的并列式。比如学习语文，左脑追求记忆和理解，通过掌握一个个知识点来学习；右脑则不追求记忆和理解，直接把知识信息大量、机械地装入脑子里，但右脑拥有左脑所没有的快速大量记忆和自动处理的功能，这种功能使右脑能够超快速地处理所获得的信息。

遗憾的是多数人只会用左脑记忆，右脑近似处于半“休眠”状态！而如果经过理解，经过真实的感受和体会，学习知识将事半功倍，比如大多数人对歌词的记忆速度和准确度都高于语文课文。

左脑的记忆回路是低速记忆，右脑的记忆回路是高速记忆。左脑记忆是一种“初级记忆”，暂时记住的东西很快便忘掉了。右脑记忆则令人叹为观止，有“过目不忘”的效果。平衡或集中左右脑优势的秘诀就是理解，不仅是对于概念的理解，而且是对背后内涵、情感的理解，形成画面感，体会感受知识背后的历史人文甚至时代背景，如此，你的孩子不仅学习会优秀，也会是一个有血有肉的人，也就是“全人”的教育。

所以，请家长多帮助和引导孩子在家练习这种联结工作，让“联结能力”在孩子的体内觉醒吧！

培养孩子优秀思维力的三部曲

也许，在一线奋战的高中老师都有一个共同的槽点：一边是改革力度越来越大的高考，对学生思维品质与能力提出越来越高的要求；另一边是学生仅满足于刷题套路、经验技巧或基础知识点再现记忆的肤浅学习。

高考越来越注重考查学生十几年形成的综合素养，发展思维能力、提升思维品质已变为培养孩子的重中之重。你可以允许孩子不爱运动，你也可以允许孩子存在偏科，你甚至可以允许孩子不那么优秀。但你不可以让孩子失去思辨和表达的能力！

孔子说过，学而不思则罔，思而不学则殆。只学习不思考就会迷茫，只思考不学习就会倦怠而无所学，学和思相辅相成、相互促进。这里的“学”就是学习知识，“思”就是思考。会思考的孩子，才能在时代潮流中一路领先。

如今升学、就业竞争异常激烈，想必每一位负责任的家长都不会忽视对孩子的教育。

不少家长都有这样的疑问：为什么我家孩子小学、初中成绩还可以，高中成绩却一落千丈？孩子明明已经学得很苦、很累了，结果却不尽如人意？

这些问题的本质其实就是在孩子求学成长的关键期，比如小学、初中时，他们的思维、视野、品质、能力没有得到充分开掘，甚至还出于种种因素受到了压制，导致他们无法很好应对高考的要求。

思维，是指大脑对客观事物的认识过程，包含理性认知和感性认知。有了思维，我们才能通过客观事物获取大量信息，再通过分析和综合理解事物本质。思维力是一种进行思维的能力。简单的思维力是学习客观事实和回忆，高级的思维力包括分析、综合、解决问题和评估。

从实践来看，理科主要表现为逻辑思维的丰富与深刻程度；文科主要表现为基于有效阅读见识后的理解悟性、形象思维、语言直觉思维、辩证逻辑思维，多靠学生在老师的引领下琢磨、体会而来，而不是靠移植、复制、刷题而来。

现在是知识信息爆炸的时代，我们想要获取一个知识点，可以通过很多方式在网络上查询。但孩子的思考能力呢？家长该怎样从小培养孩子的思考能力？

1.给孩子提出一个好问题

“问”是思维的起点。而什么样的问题才算得上是个好问题呢？

首先，提出的问题是否具体，孩子是否感兴趣？当孩子面对一个自己感兴趣的问题时，其好奇心会被充分调动起来，如此能激发孩子更加深入的思考，引发深层次的讨论，有着对思想进行开锁的功能。

其次，提出的问题难度是否适当？在我看来，对于好的问题，并不一定能立刻找到答案，也不仅仅是用来驱散困惑。如果一个问题的难度超过了孩子现有的知识水平和能力，他就容易产生畏惧心理和退缩情绪；如果一个问题在孩子已经掌握的知识范畴内，那么他就会很轻松地回答出来。提问也就失去了意义。

家长向孩子提出问题时，可以首先营造一种轻松愉快的探讨氛围，采取开放式的态度与孩子进行对谈。类似“你怎么这么烦”“你哪来这么多问题”“你能不能问点有用的”的评判，会挫伤孩子提问的积极性。应营造一种轻松的氛围，可以从今天看到的新闻、课本上学习的内容或生活中发生的事情中找一个切入点，进行提问。

比如“你如果遇到这个困难，会怎么办？”“你觉得他们俩谁的解决方法更好？”在一来一回、有问有答的对话中，孩子的思考力得到了提升。通过这样的方式，一次随口而起的提问，就变成了一次思想的交流和碰撞。当我们帮助孩子将现有的许多想法用不同寻常且有趣的方式连接起来，那么孩子的这些想法就会形成一个新的想法。

2.让孩子充分思考

在学习方面，总会有这样的学生：听课过程中的接受能力挺不错，可一动笔做题总会出点小差错；考试中出错的题，拿到试卷自己立马就能改对；上课发言时，老师的问题刚说完，他就能马上举手，发言积极；孩子参加了不少培训班，可成绩就是不见有多大变化……

很多家长和老师会认为这类孩子“太毛躁”“粗心”，在我看来，这类孩子主要是在学习上没有养成“深入思考”的习惯。他们对知识的理解，仅仅停留在表层，因此不容易一次把题做对。

调查发现，造成孩子们懒得动脑筋的一大原因，是高科技让生活变得轻松，减少了孩子们动手动脑的机会。充斥在孩子生活中的动画与电子游戏，也因为其越来越完美的声、光、色彩、图像而挤占了孩子们想象的空间。因此，家长要在生活中通过好的提问激发孩子的兴趣、激活孩子的思维。

下面这个案例中的父亲，从一件日常小事就能引发兄妹俩对一件事情的前因后果进行分析思考，其中的秘诀就是“大人装弱，善于提问”，父亲假装自己什么也不知道，通过智慧的提问引导孩子逐步深入思考。

一次，这位爸爸开车带着兄妹俩外出，刚上车坐下来，车上就发出了“嘀嘀嘀”的响声，哥哥就问：“爸爸，是什么在响？”爸爸知道是因为自己没有系上安全带，但他并没有直接告诉孩子，而是“装傻”，说：“是啊，是什么在响啊？”妹妹扭头听了一会儿，说：“是爸爸的座位在响。”哥哥说：“对，爸爸，可能是你没有系安全带所以报警了。”

爸爸系上了安全带，警报解除，他问：“为什么我不系安全带，这个警报就知道呢？”哥哥俯下身去观察，说：“可能是因为插上扣，警报就不响了，不插扣，警报就响呢！”

爸爸继续提问：“那如果是这样的话，我们下车的时候，这个警报会响个不停啊，可是那时警报并没有响。”妹妹说：“可能是爸爸的座椅下面有开关，爸爸一坐上去，车就知道有人来坐了。”

爸爸说：“可能是有开关吧，这个开关可不能太小，不然可要硌我的屁股了，这个是怎么做的呢？”哥哥思考了一会儿说：“设计汽车的人可能会把这个开关或感应器设计得很大，这样驾驶员坐着会比较舒服。”

爸爸鼓励孩子，试图引导他们联系上最近正在学习的编程语言，他继续提问：“我觉得你讲得很有道理，如果你设计汽车，一定会很受大家欢迎的。你们看这个警报响不响是有条件限制的。说到条件，你们想到了什么？”

兄妹俩异口同声：“就像编程里面的if语句，也是一样有条件的。”欢声笑语回荡在车厢内，善于提问的智慧父亲培养着善于思考的孩子们。

相信很多家庭都经历过因上车没有系安全带而发出警报声的场景，而您是否像这位父亲一样有耐心、有智慧、善于提问？还是直接告诉孩子系上安全带就不响了？让孩子善于思考，前期少不了我们引导式的提问。

3.让孩子自由表达

培养孩子优秀思维力的最后一点，就是让孩子展示自己的思考结果。

每个孩子都有展示自己的愿望，特别是性格外向、争强好胜的孩子。他们往往急于回答问题，想到一点就说一点，不能用完整的逻辑来表达。

这时，我们可以引导孩子："我知道你已经有答案了，但是我想听你流利的表达，请你在心里再默默地想一下整个解决问题的过程，然后再告诉我。"

宋朝文人王质在游记《游东林山水记》中说："天无一点云，星斗张明，错落水中，如珠走镜，不可收拾。"这个比喻是很有想象力的。古代诗人敏感而多思，他们与生活的关系就是找到一个线头，让想象把这根线抻长，并不断地缠绕，直到编织成诗。

第十章

突破想象：与其培养不如先好好保护

想象力比知识更重要

想象力是一种高级思维，是人可以在头脑中创造出一个念头或画面。其中的关键在于创造，就是指之前没有的、与众不同的。

当然，这种创造不是凭空捏造，不是随便什么都被称为想象力，完全不可能实现的想法是异想天开。真正的想象力是孩子能够根据已有的事物，由点到面、由个体推出整体、由表象推出根本的能力。

拥有丰富想象力的孩子，不仅在学习成绩上，而且在生活上也表现得比较优秀；不仅善于言谈，而且对很多事情都能发表自己的看法，并且立场鲜明，能提出很多证据，或者能有理有据地说服对方。

世界著名作家歌德的妈妈就很注重孩子想象力的培养。歌德小时候，妈妈给他讲故事总是讲一段就停下来，让歌德自己去想象故事的未来，也许正是这种基于想象力的培养，使歌德最终取得了如此辉煌的文学成就。

在日常生活中，家长该如何创造各种条件，激发孩子的想象力呢？

1.要丰富孩子的感性知识

家长不仅要保护孩子的想象力，还要开发孩子的想象力。

到 3 岁左右，孩子就有了较为丰富的想象，会运用一些简单的比喻，如云朵像棉花糖、像小狗。这时，我们应积极倾听孩子的想象、呵护好想象力的小苗。

想象是以头脑里已有的事物为前提的，因为孩子在婴儿时期，是由无意想象发展到有意想象，这时孩子的想象并没有预先的目的，只是在接收某些刺激后，脑中自然产生一些事物的形象。

如果孩子的生活比较单调、枯燥，没有很多新鲜刺激，孩子想象力的发展就会受到限制，所以我们应该多制造机会，让孩子接触到各类事物形象。

我们可以多让孩子阅读画册或绘本，并有计划地带着孩子去博物馆、去大自然，将书本上的、头脑中的与现实中的事物相联结。

孩子见多识广，就容易把各种事物的某些特点联系起来进行想象，而想象力就在这一过程中得到较全面的发展。这是创造想象的基础。

2.亲子阅读中，家长需学会适度“留白”

亲子阅读中的留白，就是给予孩子空间，减少权威或家长的过多干预。有些孩子很早就开始阅读，很多家庭多会选择《十万个为什么》等科普类书籍。这类书籍将各类百科知识罗列出来，标准答案十分清楚。但直接获取的标准答案越多，孩子思考就越少，问“为什么”的热情就会大大降低，并不利于孩子想象力的发展。如果让孩子上小学之后再逐步接触这类书籍，有助于孩子想象力的发展。

3.参与孩子的活动，不怕麻烦和脏乱

很多孩子在家庭或户外玩耍的过程中，会弄得像个“脏娃娃”，一些家长会跟在后面提醒，“把袖子挽起来”“不要趴在地上”“把东西摆放好”，殊不知，这样不断的提醒，会打扰孩子活动的进程，影响活动的体验。

我们在孩子活动之前，就该给孩子穿上耐脏的衣服，并且做好收拾的准备。这样孩子在活动中能更加自如，获得的体验感也会大大增强。

4.利用各种艺术活动激发孩子的想象力

知识性学习激发左脑，艺术性熏陶激发右脑。绘画、音乐、舞蹈等各种艺术形式，可以激发孩子的灵感，丰富孩子的想象力。

我们可以带孩子听一场音乐会、看一场舞台剧、欣赏一次画展，这些都是对孩子很好的熏陶，帮助他们进行联结与想象。

珍惜孩子的突发奇想

大人的世界里充满了条条框框，并且大人们普遍认为对孩子也应该严格要求，因此把“这不许”“那不行”强加在孩子身上，甚至主观上认为孩子“老实”“乖巧”“懂规矩”是最好的。可是，在充满想象力的孩童时期，不去扼杀孩子的某些行为，才是塑造小天才的第一步。

如果没有以好奇心和纯粹的求知欲为动力，就不可能产生那些对人类社会具有巨大价值的发明创造。据说，刚发明篮球的时候，篮球筐底下是有框的，每投中一次，球便留在篮子里，必须有人拿梯子爬上去把球拿下来才能继续比赛，这不仅影响了打球的速度，而且还需要不断暂停球赛。

直到 1921 年，一名小朋友看到大家费劲地取球就跟身边的人说：为什么不把篮筐的底部去掉呢？那样球就可以直接掉下来了啊！所以，现在的篮球筐是没有底的。

孩子的想象力比大人的强，因为他们没有陷入教条主义，更能想到大人想不到的层面。

我们应该如何保护孩子的想象力呢？

1. 不要嘲笑孩子的想法

孩子有时候说的话让我们忍俊不禁，但我们要善于倾听孩子语言背后的想法。有一些孩子描述自己脑中的想象，从大人的角度可能不合逻辑，便被取笑。殊不知，这样的行为可能会扼杀一个天才。

霍去病在少年时随舅舅卫青大将军进入未央宫面见汉武帝，汉武帝对这个充满骠锐之气的少年非常喜欢，并时常带在身边。小霍去病时常参与汉武帝与西汉高级将领的军事讨论，积累了不俗的军事素养，但他并不死板地遵守兵书中的条条框框，非常有自己的想法。

汉武帝也并不束缚这个少年的奇思妙想，反而给予他极大的发挥空间，让他组建自己的作战部队。霍去病选上兵的标准很奇特。他并不通过武力的高低来选拔人才，而是选择那些犯了错想戴罪立功、有特长却没有施展机会和不是家中嫡长子、无法继承家业的人。对成功的渴望给予了这些人强大的精神动力，驱使着他们冲锋陷阵。通过这样的模式，他建立了中国历史上第一支“特种部队”。在部队出征中，舅舅卫青也并未过度约束霍去病。18 岁，霍去病率八百军士直捣匈奴王庭，一战封侯，成为一代军神。

如果当年汉武帝和卫青对少年霍去病有过多的思想束缚，

也许中国历史上就少了一颗璀璨的明星。由此可见，保护想象力是如此重要。

2. 拆开玩具是探索未知的第一步

很多家长见到孩子将家里的电器拆开或将螺丝拧下来，都会立马制止。其实，孩子在玩物品的时候，也是一种探索和学习。他们的手部动作与脑部思维发育，是需要不断结合实践的，他们会不断地找机会满足自己的发育需求。

堵不如疏，如果孩子的行为会损坏家里的重要物品，甚至造成危险，确实需要制止。我们可以找一些其他替代品来满足孩子的这一需求，如准备一些小实验的器具、废旧的家电，供孩子探索，这也是一种支持孩子进行探索的方法。

3. 记录孩子的灵感

对人类而言，灵感是一种奇妙的存在。灵感的突然降临，能让作曲家创作出动人的曲目，能让科学家突破难题，能让发明家“无中生有”。

灵感不是天上掉下来的，是人脑进行创造性活动的产物。同时，灵感就像流星，光彩夺目但稍纵即逝，稍一耽搁就沉入无尽的夜空，再也寻不到它的影子。当你腾出工夫想要好好欣赏、体味它的时候，却挖空心思也找不到了。

对于个人来说，抓住灵感的快乐是无与伦比的。孩子每次一有想法，一定要第一时间记录下来（家长也可以帮忙记录），灵感就相当于种子，你得把它种到土里，种子才能生根发芽。但如果不对这些迸发的灵感进行记录，大脑可能会把这些零碎的思考碎片当作垃圾缓存清理掉，无法为孩子所用，也无法帮孩子构建完整的知识体系。

如何用讲故事的方法培养想象力

现在，似乎一切都被电脑、手机、iPad取代了。我们生活在一个“危险”的时代，这个时代似乎不再需要真实的人类互动，不再需要美好的自然探索，我们的生活也不再有那么多故事，我们通过讲述故事逐渐培养的想象力也不见了。

想象力是一种天生的能力，如果不培养不开发，这种能力就会消失，再也不能恢复。没有了想象力，人类该会是多么的可悲啊！发挥想象力也是人类为了脱离物理限制而进行的最大叛逆尝试！人类不会飞，但在想象的世界中，孙悟空可以乘着筋斗云一飞十万八千里；人类不能和动物直接语言沟通，但在想象的世界中，黑天鹅可以和妹妹说话……

现在的智能手机，和乔布斯丰富的想象力有关；现在使用的交通工具，汽车、飞机、轮船，还有互联网、人工智能，无一不和人们的想象力有关。如果没有想象力，怎么可能会有现在的社会文明？想象是思维的翅膀，想象是一切实践活动的前提。

很多家长担心孩子读太多幻想类的作品，会不会沉浸于想象的世界，笃信一些现实当中不存在的事情。其实对这样的情况不必担忧，这些幻想文学的存在，不仅能使孩子去想象不同的世界，而且促使孩子以不同的方式去想象自己所在的现实世界，加深对世界的认识。儿童文学评论家朱自强教授表示：“作为张扬幻想这一人类可贵品质的文学，幻想儿童文学对阻碍人类真正健康发展的东西有着本能的反抗基因。幻想儿童文学在小说、在无法超越现实的现实主义儿童文学所鞭长莫及的位置上，探求着人类更加美好、健全的未来。”

对孩子来说，想象力的培养至关重要。想象力发达的孩子，往往好奇心强烈，有热情的学习欲望，还有较强的独立性和智力。如何唤醒孩子的想象力呢？

讲故事是人类最个性化，也最基本的人际沟通形式，生活的技能即讲故事的技能。

我们讲故事，用到的是组织能力、词汇量、想象力、前后衔接能力，还需要很好的记忆力和逻辑能力。可以说，讲故事运用到了所有学习需要的认知能力。

故事对于孩子总是有特别的吸引力。也许在故事里，孩子不仅可以产生奇思妙想，还可以和大人携手一起去打破内心的高墙，找回自己丢失的想象力。

在妈妈讲故事时，孩子都会睁着大眼睛，目不转睛地盯着妈妈，竖着耳朵听妈妈讲述每一个细小情节，心情跟着故事主人公的每一次变化上下起伏。妈妈在这个时候，一般都会习惯性地顺着孩子的关注不断往下讲，一直讲到孩子睡着。

其实这是一种忽视了孩子的错误的做法。而且因为时间稀缺，不少妈妈在讲故事的时候还往往容易犯一个错误：就是一心只顾着讲完故事，而忽略了孩子的问题。在给孩子讲故事时，一般可穿插提问，让其思考、回答，孩子答对了就及时表扬，答错了就耐心解释。讲完故事了，可让孩子续编故事，激发孩子的想象力和创造力。

给孩子讲故事不仅是一门艺术，更是家长和幼教工作者必须掌握的技能。那么，怎样才能讲出孩子喜欢的故事呢？

1. 注意讲故事的方法

我们在给孩子讲故事时，要有意识地通过提问、谈话，让孩子发挥想象力。我们可以在故事主角遇到困难或问题时问一问孩子，“如果是你，你会怎么做？”引导孩子对以后的故事情节进行想象。

比如，给孩子讲“彦博灌水取球”的故事，当讲到小伙伴都不知道怎么将掉进树洞的球拿出来时，可以停下来，问问孩子：“你会怎么去拿那个球呢？”当讲到彦博将树洞灌满水，球浮上来，小伙伴们顺利拿到球之后，可以停下来追问：“为什么树洞不会漏水呢？”通过暂停、提问，可以促使孩子开动脑筋积极思考。

久而久之，孩子就习惯边听边动脑筋，也发展了想象力。

故事讲完之后，我们也可以和孩子聊一聊对人物有什么看法，以及从中学到了什么道理。

2. 让孩子续编故事

家长还可以和孩子你一言、我一语一起续编故事。在“续编”的过程中，孩子实际上运用到了联想、类比、记忆等多种大脑思维形式。这种对信息的调取和组合运用，对孩子的脑部锻炼的作用是极大的，比孩子被动地上培训班更有用。

在亲子互动续编故事的过程中，既可以对孩子进行价值观引导，也可以增进彼此亲密关系，好处多多。

3. 适当延长讲故事的时间

很多孩子在睡前都有听故事的习惯，特别是在孩子小的时候，睡前家人轻柔的声音、温暖的灯光，以及书中一个个生动的故事，都是孩子成长过程中宝贵的幸福回忆。我们在给孩子讲故事的过程中，不要带着完成任务的心态，而是视孩子的接受程度和注意力情况适当调整时间，这样非常有助于拓展孩子想象力的边界。

2~3 岁孩子的阅读绘本，故事简单，如果只是简单读一读，可能两三分钟便结束了，我们可以适当延长到 10 分钟左右，将绘本中的故事补充完整，适当与和孩子共同的生活经验相联系，将故事书中的一个个单独事件串联起来。

3~4 岁孩子听故事时已经有画面感了，且注意力也可以持续 15 分钟了，此时家长可以和孩子讲有完整情节的故事。4 岁以上的孩子，理解力越来越强，这时孩子喜欢听童话故事、神话故事，这些故事里有着丰富的想象。

各年龄段孩子想象力的发展特点

孩子想象力的发展与其年龄有着密切的关系。假定给孩子一个小盒子，不同年龄段的孩子会有不同的反应。

1 岁左右的孩子会先用手拿起，然后马上送到嘴边咬一咬；他也可能将盒子扔到地上，看看盒子会落到哪里，再捡起来，扔一次，去倾听盒子落下的声音，一直重复，从而确认他观察到的因果关系，如用力砸声音大，轻轻砸声音小。

1 岁半的孩子，知道盒子可以用来装东西，会把他收集的小物件放在盒子里，当成他的百宝箱。

2 岁的孩子，有了充足的想象力，会通过想象与探索，发现盒子的一些新功能，比如给洋娃娃当帽子、扣过来给小熊玩具当板凳等。

3 岁以后的孩子，想象力发展非常迅速。这时，他可能会把盒子想象成手机、小船，甚至是宇宙飞船，也许最近我们谈论到什么，或者他观察到什么，他便会通过想象力做出联结，而想象的结果可能是我们大人都没有想到的。

下面我们具体看一看各年龄段孩子想象力的发展特点。

1. 1~2岁孩子想象力的发展特点

第一，想象的核心不稳定。

这个年龄段的孩子很容易想着想着就想到另一件事情，目的性不稳定，容易发生变化。

第二，想象的内容比较简单。

这个年龄段的孩子因为年龄较小、生活经验不足，所以想象的内容相对简单，而且通常来源于常见事物的表象。

第三，出现了有意想象。

虽然这个年龄段的孩子仍是以无意想象为主，但有意想象渐渐萌芽，这使得他们尝试在一定范围内进行联想。

2. 3~6岁孩子想象力的发展特点

第一，不再局限于具体事物。

这个年龄段的孩子想象力发展迅速，并且有了一定的学习经验与生活经验，他们会有非常多的想象，并且会用语言表达出来。但他们经常会将现实生活与想象内容混淆，有时跟大人表述一件事情时会掺杂着自己的想象。这个阶段一些家长可能会担心孩子撒谎的问题，但通过了解孩子想象力的发展过程，我们就知道，这不全是撒谎的问题，也可能是孩子发育的一个过程，家长不必过于担心。

第二，想象主题不稳定且内容零散。

这个年龄段的孩子的想象力还有一个明显特征，就是并不以结果为导向，而是享受想象的过程。所以，我们在听孩子讲一件事或看他画画的时候，会发现他们很多想象的内容是无意义的联结，结果并不完整。很多孩子喜欢编故事，但故事缺乏逻辑且很多并没有结局；一些孩子在画画的时候，可能先想画一个太阳，在画了一个圆圈之后又觉得很像一个轮胎，于是主题换成了自行车。并且，这个年龄段的孩子在画画时更趋向于部分而不是整体，比如，画人只画脑袋和四肢，并没有其他更多细节的呈现。

3. 小学生想象力的发展特点

第一，想象力富于模仿性，但创造性成分日益增长。

小学生通过不断的学习，生活经验日益增长，知识不断积累，语言更加丰富，这大大提高了孩子的想象力与表达能力。低年级小学生在复述故事时，能回想起故事发生的时间、地点、人物，大概讲清内容，能将故事复述完整，但在创编故事、增加情节、重新构思结尾等方面还有些不足。随着年龄的增长，他们所学知识越来越多，中高年级学生已经能在已有认知中合理地加入新的情节，甚至创编的内容令成人惊喜。

第二，想象的有意性、目的性迅速增强。

小学生能按教学目的产生符合要求的想象。如命题作文会要求学生根据题目要求，确定主题、范围、内容和层次结构，有意地选择形象、情景，并合理布局。这就需要孩子根据作文主题，有目的、有顺序地发挥想象力。

4. 中学生想象力的发展特点

第一，有意想象迅速发展。

中学时期，是一个人仅次于婴儿时期的第二个发育高峰，中学生的身体和情感发育及知识积累迅速，自我意识也在飞速发展，相较于小学阶段此时想象的有意性大大增强，想象大多是有意义的、有目的的，是以结果为导向的。所以，一些中学生能在实践中根据生活需要创造一些小发明。

第二，创造性想象日益占优势。

在国内一些青少年的创新科技比赛中，很多令人惊叹的科技作品均出自中学生之手，一些中学生也开始创作有创意的绘画或习作。在这个阶段，学生的创造性想象所占比例逐渐增大。

留住孩子的想象力，家长有“三忌”

幼儿时期是孩子想象力发展的快速时期。在这个时候，如果家长或老师富有耐心地通过对话和相关活动对孩子进行引导，将非常有助于孩子想象力的发展，家长应该抓住这一关键时期，否则孩子长大之后，难度就很大了。

前不久，我和老师们做教研，其中一位老师说到给孩子们布置了一个形容词填空题，题目是“×××的西瓜”，参考答案是“红红的西瓜”“甜甜的西瓜”。

有个小男孩写了“方方的西瓜”，虽然按照标准答案不能算这题答对了，但是她还是和小男孩耐心沟通：“世界上可能真的有方方的西瓜。”这鼓励了孩子，小男孩眼睛闪着光地和老师说：“老师，我就想发明方方的西瓜！而且我觉得世界上一定会有方西瓜的。我和其他人说这事他们都说我胡说，可是我没有乱讲！”老师继续鼓励他说：“是的，老师相信你！”

发明一种四四方方的西瓜，这是多么美好而富有创见的想法啊！我很高兴这位老师保护了孩子的想象力。这样的案例经常发生，那么是不是每个孩子的想象力都如这个小男孩一样被呵护了呢？还是说被粗暴地扼杀在摇篮里？

平时家长的哪些行为会扼杀孩子的想象力呢？

1.替孩子做事

想象力不是“想入非非”，而是来源于生活中的创造。很多家长因担心孩子做事慢或所做事情有一点可接受的危险性就为孩子代劳，殊不知，这样会让孩子失去动手动脑的机会。要知道，想象需要丰富的素材作支撑，需要孩子接触大量的社会实践活动，孩子们在活动中可以认真观察、积极思考、反复实践。这些经验会为孩子发挥想象力提供不竭的源泉。

我遇到过一个 9 岁的小学生，他自理能力很差，甚至写作业也要家长帮忙完成。他遇到一些开放式问题，如“给故事编个结尾”或“根据图形画出一幅画”时，总是不知所措。后来我了解到他不仅在生活上依赖他人，在思维上也依赖他人，缺乏自我想象的能力。

2. 制止孩子特立独行

社会大众一般对超出自己理解范围的行为和想法难以包容，许多家长往往也是如此对待孩子的。当孩子出现一些非常规的表现时，家长往往都采取压制的态度。孩子非要带着蝴蝶的翅膀去幼儿园，每时每刻甚至睡觉都要戴着孙悟空的面罩……孩子这些看似“怪异”的装饰和举动，常常招来家长的反对。

其实，这并不代表孩子沉溺于虚幻的世界无法自拔，有可能只是他们还没玩够。家长完全以自己的行为准则要求孩子，可能会压抑他们个性的释放和发展。

3. 不能正确面对孩子提问

“妈妈，天空为什么是蓝色？”“世界上有外星人吗？”“馒头和面包有什么不同吗？怎么做的啊？”“你不上班会怎么样？”“爸爸为什么是男的？妈妈为什么是女的？”

据相关研究，2~6 岁的孩子，平均每分钟会提 73 个问题，孩子和家长的大部分对话都是在孩子“提问”、家长“回答”的模式中进行的。在孩子这种密集提问的攻势下，估计很多家长都觉得疲于应付。“你怎么有这么多的为什么？”“就是这样的啊，没什么为什么！”没有耐心地回应，粗暴地打断提问，都会扼制孩子的想象力。

水有什么特点呢？它能成云，它能成雨，它能成雾，它能成冰，它能成雪，它能成霜。它完全不拘于形态，随方就圆，变化无穷。如果一个人具备水的思维，那他就具有特别强的创新能力。

第十一章

聚力创新：开拓孩子的多样化思维

好奇心是创造力发展的起点

好奇心是学习的动力，是探索性学习的关键因素。好奇心还可以激发孩子发展创造力，从而想出更多的点子或联系到更多的相关知识。可以说，好奇心是创造力之源。

人有两种类型的好奇心：一类是消遣性好奇心；另一类是认知性好奇心。前者能激发新鲜感，让人容易喜新厌旧，如对新的影视、小说、游戏的好奇心；后者则激励人们去发现新事物，但其也会让人应接不暇，浪费精力和时间，表现为更深入、更有序和更努力地探寻知识，可以推动我们进行深入学习和探索。

爱因斯坦说：“我没有特别的天才，只有强烈的好奇心，永远保持好奇心的人是永远进步的人。”好奇心是一种喜欢探索、了解事物的心理状态，是驱动人成长的基本动力之一。兴趣是人认识某种事物或从事某种活动的心理倾向，它是以认识和探索外界事物的需要为基础的，是推动人认识事物、探索真理的重要动机。兴趣让你了解并喜欢某种东西，比如我了解摄影、爱好摄影，并能从中得到乐趣。但好奇心会让你从探索中获得乐趣，勇于敞开心扉拥抱他人，找到认识的差距，并不断弥补自己的不足。

瓦特从小就是一个爱观察和思考的孩子，对世界充满了好奇。

有一次，瓦特在厨房陪祖母做饭，灶上烧着一壶水，水开之后壶盖“啪啪”作响，不停地向上跳动。

他观察好半天，感到很奇怪，猜不透这是什么缘故。于是，他把壶盖揭开盖上、盖上又揭开，反复验证。后来，瓦特终于弄清楚了，是水蒸气推动壶盖跳动，原来水蒸气的力量还真不小呢！

瓦特渐渐长大，但他从没有忘记小时候琢磨过的那个问题。1756 年，瓦特来到格拉斯哥大学当一名仪器修理工，接触到了新的机器。最后，他结合蒸汽原理改进了蒸汽机，推动人类历史进入蒸汽时代。

好奇心驱动想象力，有了好奇心，孩子才会去观察，而观察到的一切又为孩子的想象提供了内容。我们有时会产生这样的误解：孩子想象力非常丰富，所以孩子一定有很强的创造力。真的是这样吗？那为什么有的孩子很会想象，脑子里总有一些天马行空的想法，但让他表现出来却无从下手？其实，这是因为孩子的想象力和创造力出现了断层。孩子只有通过实践、学习，才能把想象力转变为创造力。

想象力是创造力的重要来源，要想让想象力发挥作用，我们首先需要找到合适的方法和工具帮孩子把想象力落实为创造力。具体来说，如何培养孩子的好奇心，激发他们的想象力，让他们的思维保持灵活和开放呢？

1. 为孩子创造一个宽松愉快的环境

虽然孩子在出生时就自带好奇属性，但孩子的想象力，哪怕是在完完全全“放养”的状态下，也会慢慢“萎缩”。在生活中，孩子通过不断地与外界接触，学到新的知识，丰富了社会经验，同时孩子本身一些天马行空的想法也会随着对外界的认知而渐渐地改变。

孩子好奇心强，富有想象力，常常异想天开。家长要构建民主温暖的家庭氛围，提供多样化的刺激与条件，鼓励孩子表达自己的观点，放手让孩子进行探索，并提供力所能及的指导和帮助。这样，孩子能在宽松自由的氛围中快乐成长，他们长大后的创造力、自主性和自信心都会更强！

在孩子童年时多带他们走走看看，保持宽容开放，多给予他们的问题以回应，以此保护孩子的好奇心，这是家长必须坚持的事。

2. 正确对待孩子的淘气行为

大家有没有看过各行业一些有成就的人的访谈，很多名人都有提及他们在童年时候多么淘气，曾经有很多让家长、老师头疼的行为，但是他们从中获得了一些灵感，通过大人的引导，获得了心灵上的成长。孩子淘气中常常蕴藏着教育契机，家长要抓住这个机会教导他们。

例如，孩子把东西往水盆里扔，此时家长可以准备一些材料和孩子做玩水游戏。游戏既使孩子获得了有关水的知识，又满足了他的好奇心。这样的引导，比枯燥的说教或书本教导更易令孩子理解。

3.鼓励孩子寻找多种方法解决问题

当孩子遇到了问题，我们不要急于帮助孩子解决，也不要告诉孩子只有唯一正确的答案。我们要多一些耐心，鼓励他主动探索不同的解决方案，可以查阅书本、网络解决，也可以自己动手试一试。

在这个解决问题的过程中，孩子的知识版图就被逐步打开了。探索过程的努力、获得答案的喜悦，远远比我们直接提供一个简单答案更能让孩子有成就感。解决问题的过程不仅使孩子获得了知识、能力，更激发了他们的探索精神。

所以，不要怕孩子好奇心泛滥，我们要做的是把孩子的好奇心引入一条更能激发其学习能量的河流之中。

知识的累积是创新的前提

创新靠什么？有人说靠脑力，这没有错，但是只靠脑子想就可以了吗？

举个例子，如果说要造一辆车，怎么才能把车造得与众不同又创意十足呢？显然，我们首先必须了解车的基本构造，其次要知道汽车工作的原理，了解驱动汽车前进的动力来自哪里，并且还要考虑到车的舒适性、安全性，对于车的成本也要进行预估，最后才能思考怎样让这辆车有亮点和与众不同。

仔细分析一下，造一辆车所需要了解的这些内容，绝大多数都是基础知识。也就是说，我们首先要有足够的知识积累，然后才能在已有的知识基础上寻找更多变量。

知识的积累是创新的重要前提，只有头脑里拥有大量的知识储备，我们才能更方便地调用这些知识，并知道哪里可以改进，哪里有创新开发的可能。创新是知识储备的量变到质变，要形成学习思维，主动向外寻找新知识、新方法、新路径，把先进的思想融入实践中。

我自己特别喜欢喝茶，几乎喝过所有种类的茶，并且对产地、工艺等都有研究。我还很擅长调茶。有一天我突发奇想：如果把绿茶与荷叶调在一起，会是什么样呢？经过不断调试二者比例，我发现，调好之后的茶水，既有荷叶的清香，又有绿茶的清新，很适合饮用。但需要指出的是，我能成功的前提是我对绿茶、对荷叶都非常了解，在我有这个想法的时候，我就能想象出它们混合在一起的口感应该不错。

也就是说，一个不懂茶的人很难对茶的调法进行创新，就像一个根本就不会做菜的人无法创新一个菜系。同样，对于孩子，如果他没有掌握充足的基础知识，只谈如何培养他的创新能力，也无法成功。

“熟读唐诗三百首，不会作诗也会吟”说的是对诗词的学习，这同样适用于对英语、书法、国画等国艺的学习，在其他领域也是如此：有了一定的积累自然会有灵感和创新，因为人的大脑会自然进行知识的迁移和重组，幼儿园的孩子都会。

我认识河北衡水某知名中学的两位教学校长，他们和我们分享了他们学校作为全国知名学校已经不是秘密的学习方法：大量、重复、连续、反复、多次刷历年高考真题，直到完全理解和做对。虽然目前对这种教育方法褒贬不一，但这种学习方法符合记忆的原理，是技术性的应试，因为很多题型是万变不离其宗。

知识储备是创新的根本，刻苦学习、储备知识、积蓄能量，是青少年应该做好的基础性工作。前面我提到要多看书，这无疑是增长知识的最主要途径，看书最好是包罗万象，以保证知识积累的全面。

除了通过书籍获取知识，生活中获取知识的渠道还有很多。比如，家长可以让孩子适当参与家务，孩子在做家务的过程中就可以积累一些生活知识。

有了这些知识之后，我们还需要将这些知识进行整理、吸收，将它们变成自己的知识，这样使用的时候才能够更快地调取出来。平时，我们还要注意对自己已有的知识进行整理，如有遗忘，要及时复习。

大自然是孕育创造力的最佳之地

大自然是最生动的教材，家长应多带孩子亲近大自然，到大自然中去学习、获取直接的体验。大自然勃勃生机，每一棵树、每一朵花、每一片叶子、每一株小草，都以它特别的姿态和色彩呈现着与众不同的美。随处可见的石头、沙子、泥土、流水似乎也具有某种神奇的魔力，强烈地吸引着孩子。

很多艺术大师都认为，大自然是最好的美育老师。带孩子近距离观察花草树木，捡捡石头，玩玩溪水，这些探索和体验，开启的是孩子想象的一扇门。自然环境会刺激所有感官，将休闲玩耍和正当的学习有机结合。在自然中运用多种感官，有助于构建使智力持续发展所必需的认知体系，并且通过提供自由空间和自然要素来激发想象力，将其运用于创造之中。

苏霍姆林斯基告诉我们，只有真正走进大自然的孩子，才会更具有创造力，才会真正明白生命的意义。我们本是属于大地的一部分，本应该对大地万物充满敬畏，但是我们却把本应属于大自然的孩子禁锢在了钢筋水泥里。他们离土地那么远，怎么可能找到自己的根？

相传，有一次鲁班进深山砍树，一不小心，脚下一滑，手被一种野草的叶子划破了，渗出血来。鲁班摘下叶片轻轻一摸，原来叶子两边长着锋利的齿，他的手就是被这些小齿划破的。

鲁班从这件事上得到了启发，经过多次实验，他终于发明了锯子，大大提高了工作效率。

“人法地，地法天，天法道，道法自然”，大自然，能让孩子眼耳鼻舌身意全身心地体验，心情最容易放松，大脑最容易迸发灵感。法国、德国、日本等国家很早就重视并实践“自然教育”，国内也有一些学校设置这样的课程。因为大自然对人的教育是全景式的，每个人都能在其中发现自己想学的、想玩的，天性得到释放，身心得到愉悦。

孩子的聪明不仅体现在会认多少个字、能背多少唐诗，对生活的体验和感悟才是孩子最大的财富。唐诗宋词很多来源于自然，《千里江山图》和《富春山居图》等无数国画来自自然，“高山流水”“平沙落雁”等无数古琴曲来自自然，牛顿和爱迪生的发明创造也是来自自然与真实的场景……每个孩子都有他的成长规律，作为家长，我们不能将自己的意志强加于孩子，我们能够做到的就是让孩子按照其内在的成长规律自然地成长，这将是孩子最大的幸福!

你有没有兴趣和孩子一起进行一次单纯的艺术创作？不要把它想得很难，当你真正去实践时，你就会发现这是个相当有意思的过程，创造会带来无穷的乐趣。

家长可以多带孩子出门四处走走，外面的世界将为孩子提供更多的知识：从地理知识到风土人情，从历史回顾到人文发展，从传统文化到科技进步……参观展览、旅游、参加义务活动等行为既能锻炼孩子的身体素质，同时也会让孩子学到各方面的知识，丰富自己的头脑储备。

多给孩子“动手”的机会

孩子天生就具有学习和创造能力。但在现实生活中，家长往往更重视孩子的学习能力，有意或无意地忽略了对孩子创造力的培养。

我们学校的孩子都特别喜欢上手工课，折纸、缝纫，只要是动手类的活动，无论是安静的孩子还是调皮的孩子，是成绩好些的学生还是成绩差些的学生，都很喜欢，过程中也很开心。

手工课让他们发挥了自己的想象力、创造力，让他们找到一种轻松的成就感。

创造力是可以学习的吗？随着相关研究的深入，研究者发现，创造力不只是一种固化的特质，更是一种可以学习、提升和强化的能力。家长可以为孩子提供宽松的环境，鼓励孩子多思考、多动手，提升孩子的创造能力。

在孩子动手操作的过程中，家长需要注意以下几点：

第一，发现和守护孩子的感官发展。

感官在一个人的创造能力中占有很重要的地位。家长可以经常和孩子做一些培养观察力的游戏。比如，在家里或在户外，带着孩子一起做观察寻找类的游戏。例如“看谁能找到红色的东西”“看谁能找到四条腿的东西”“看谁能找到会变色的东西”……找得越多越好。

第二，不要过分干预。

如果孩子无意求助，乐在其中，家长就尽量保持旁观，不要插手。因为对孩子来说，更重要的是动手过程，而不是动手之后的结果。

第三，培养孩子的独立性和个性。

创造力是和人的独立性、个性分不开的。只要是孩子自己能够做的事，就一定要让他去做，自己穿脱衣服、系鞋带、大小便、洗袜子、洗脸……这些事情看似很小，却是培养孩子独立性的重要内容。对于孩子与众不同的方面，家长也要表示肯定和鼓励，并要经常对孩子所做的事情给予赞扬、指导，使孩子对自己充满自信。

第四，鼓励孩子做小实验、小发明。

家长可以给孩子在家中准备“家庭工具箱”和“实验角”，引导他们做实验、搞制作、种花、植树、饲养小动物等，鼓励他们积极参加创造发明比赛。在孩子需要送给别人礼物时，鼓励孩子自己动手制作，而不是花钱购买，如制作新年贺卡、小工艺品等。精细的动作不仅可以增加手的灵活性，还可以提升手部、大脑和眼部的协调能力。手工制作，不仅可以让孩子学习到东西，还可以丰富他们的生活，让他们的童年充满乐趣。

俗话说手巧心灵、心灵手巧。手指是大脑神经末梢，与大脑联系紧密，也有手是第二大脑的说法。心理学告诉我们，人的心理活动（包括智力活动）是大脑的机能。一个人智力水平的高低、创造能力的强弱都取决于其大脑的机能是否成熟与发达，动手能促进大脑很大一块区域的发展，让知识在大脑多处产生神经元的链接，开发大脑潜在机能。

“做，才是得到”，脚踏实地的品格需要在实践中培养，在实现自我想法中培养，在现实中培养。

抹杀孩子创造力的五种行为

家长都希望孩子拥有创造力，但很多家长不知道的是他们的很多行为会让孩子失去创造力。有人曾说过："总是告诉孩子标准答案是最失败的教育。"

下面，我们就来看看家长的哪些行为会抹杀孩子的创造力。如果你也有这些行为，希望你能够好好思考，是否需要换一种思维来教育孩子。

1.坚持答案只有一个

你如果想扼杀孩子的创造力，就告诉他一个问题只有一个标准答案，没有其他选择的可能性。比如，想要学好传统文化，必须只能背经典原文；想要锻炼身体，必须长跑。这种思维方式非常禁锢孩子的创造力，也容易使孩子形成偏执的思维。我们要鼓励孩子多多探索不同的解决方案，多多尝试用不同的方式解决同一个问题。

2.培养学生不敢质疑的服从感

想要扼杀孩子的创造能力也很简单，只需要给他树立一个绝对权威。

我以前上高中的时候，老师出了一道比较难的化学题，大家花了很多时间也没有找到答案。当时我经过一番思考，发现似乎可以用物理知识解答，于是告诉了老师，老师对我高度赞扬。我现在还记得他高高举起我的练习册，大声告诉全班我的发现。同时，他也告诉了大家参考答案的解题思路。不得不承认，参考答案更加简便。但老师的鼓励让我觉得，我们可以探索不同的可能性，学科之间也是可以融通的。

现在回想，如果当时老师只是冷冷地说一句："不是这样解答"。我当时会有多失落，并且以后可能再也不愿意做任何创造性尝试了。

3.只完成规定计划内的任务

我发现，我们学校里富有创造性、思维活跃的孩子，有一个很明显的共同特征，即不满足于老师布置的作业和任务，总是自己找书看，找问题研究。在学校里，我们经常会看到一个孩子捧着书看，问老师问题，请老师推荐书目；这个孩子也非常喜欢做实验，学习了《竹节人》这一课后，就找来旧毛笔、小锯子动手实践起来。他的思维非常活跃，创造性很强，经常给老师和家长带来意想不到的惊喜。

有些孩子不爱探索，家长建议做一些任务，孩子会说："老师又没有布置。"对于这类孩子，我们要多一些耐心，培养他们的探索精神。比如，多设计一些有意思的活动，先让他们融入其中，体会到乐趣，再培养他们的创造性思维。

4. 强调学科界限

现行的新课标强调"跨学科融合"的概念，但据我观察，很多家长和老师还是存在将学科界限划分得过于明显的问题。如果学生在语文课堂上学习到一首诗，联系到其他学科知识并进行了拓展，在课堂时间允许的情况下，我们可以请这个孩子展开说说。如果时间有限，那么至少我们应该对孩子的联想持开放、赞许的态度，而不是告诉他这是语文课，不要拓展。在家里也是一样，家长可以打破学科界限，鼓励孩子多查资料，多进行关联思考。

通过鼓励孩子不断地关联思考、建立知识之间的相互联系，能够帮助学生构建知识网络，形成结构系统，打破学科壁垒。

5. 坚持与创造性思维相反的理念

一些大人会觉得越聪明的孩子越有创造力，但其实并不一定是这样，创造力与自我肯定息息相关，我们要相信每个人在某一方面一定有创造力。我们这样告诉孩子，他们会对自己充满自信，并且更勇于探索。然而，如果我们过于强调天才的伟大与稀缺，那么孩子就会觉得自己是平庸的，努力也不会有结果，所以更容易放弃自我奋斗。

我们要相信孩子，相信每个人都有无限的可能性，才能以这样的信念影响孩子，让他们相信只要自己努力也一定能行。

大人已经摸索出自己习惯的生活方式，而孩子的世界总是丰富多彩的，有着更多的可能性。因此，不给孩子固定标准，改变固有思维，从学习、生活的细节处入手，给孩子以引导，让孩子自己去探索世界，孩子的创造力才会越来越丰富。